BIBLIOTHÈQUE D'HISTOIRE NATIONALE

LES
VAN ARTEVELDE
ET LEUR ÉPOQUE

PAR

Mgr A.-J. NAMÈCHE

RECTEUR ÉMÉRITE DE L'UNIVERSITÉ CATHOLIQUE
DE LOUVAIN

*Sans histoire de la patrie, point
d'amour de la patrie.*
Inscription au Musée à Munich.

LOUVAIN
CHARLES FONTEYN, IMPRIMEUR-ÉDITEUR
RUE DE BRUXELLES, 6
1887

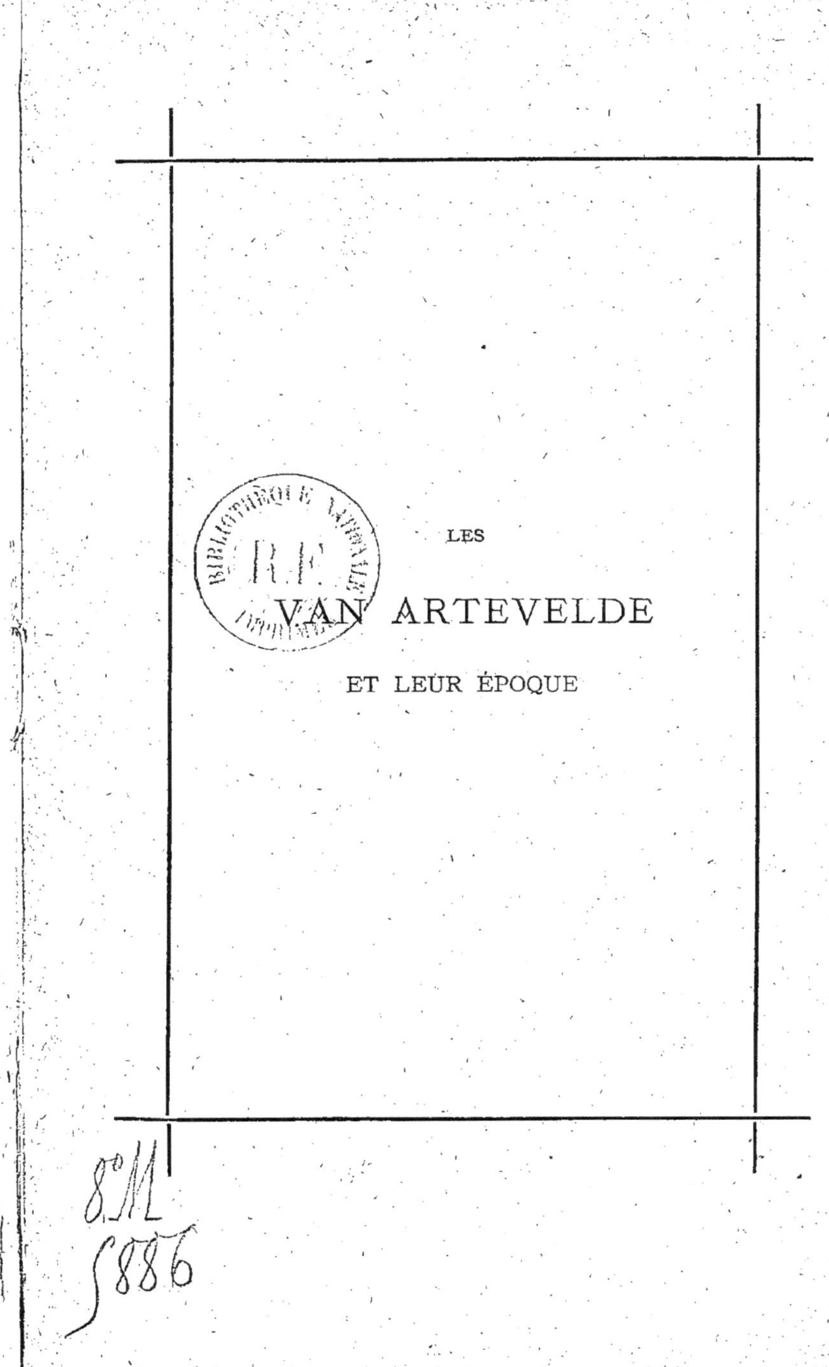

LES

VAN ARTEVELDE

ET LEUR ÉPOQUE

LES

VAN ARTEVELDE

ET LEUR ÉPOQUE

PAR

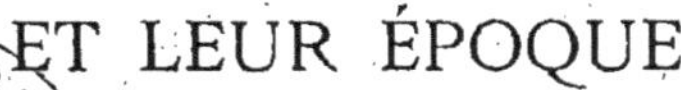

Mgr A.-J. NAMÈCHE

RECTEUR ÉMÉRITE DE L'UNIVERSITÉ CATHOLIQUE
DE LOUVAIN

> Sans histoire de la patrie, point
> d'amour de la patrie.
> *Inscription du Musée, à Munich.*

LOUVAIN

CHARLES FONTEYN, IMPRIMEUR-ÉDITEUR
RUE DE BRUXELLES, 6

1887

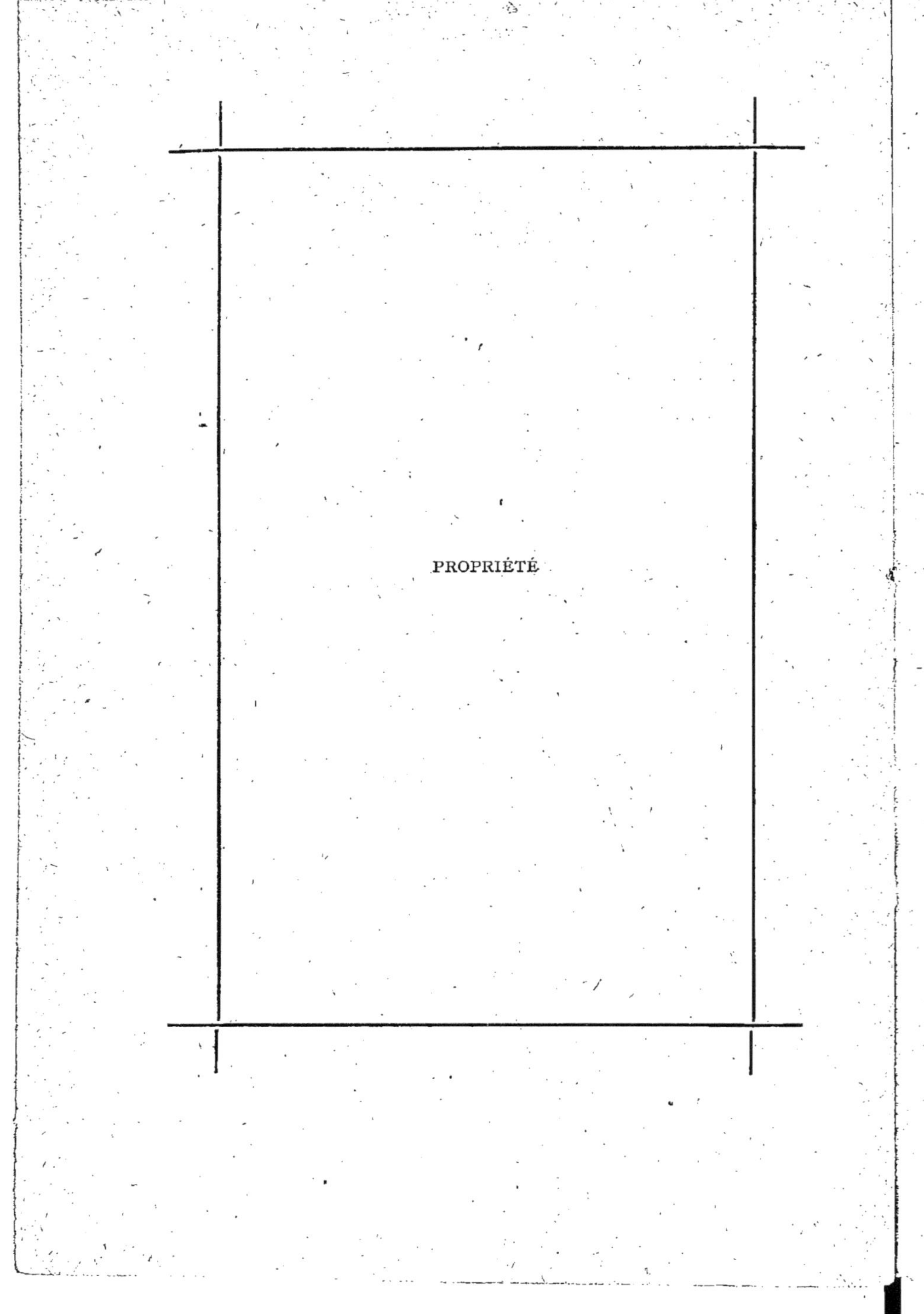

PROPRIÉTÉ

CHAPITRE IER.

ORIGINES DE LA GUERRE DE CENT ANS. — SITUATION
DE LA FLANDRE. — VAN ARTEVELDE.

PHILIPPE LE BEL, en mourant à l'âge de quarante-six ans d'une maladie de langueur, avait laissé trois fils qui régnèrent successivement en France : Louis le Hutin, Philippe le Long et Charles le Bel, et une fille Isabelle, mariée à Edouard II, roi d'Angleterre. Les trois rois ne laissèrent que des filles, et, en vertu d'une prétendue disposition de la loi salique, le principe de la succession masculine était si bien établi que la fille unique

de Charles le Bel fut écartée par le comte de
Valois, petit-fils de Philippe le Hardi. Aucun
compétiteur ne se montrait en France. Il s'en
éleva un en Angleterre, plus formidable que
ceux que la France pouvait produire. C'était
le roi Edouard III, qui réclamait la couronne
du chef de sa mère Isabelle, fille de Philippe
le Bel et sœur des trois derniers rois.

Les prétentions du monarque anglais ne pouvaient s'appuyer sur la justice; si la loi salique
n'était pas pour lui une loi constitutive de l'Etat,
il y avait avant lui Jeanne, fille de Louis X;
Jeanne avait un fils, Charles le Mauvais, qui
était plus près du trône d'un degré (HALLAM).

Ces droits imaginaires furent plutôt le pré-
texte apparent que la vraie cause de la guerre.
En les faisant valoir, Edouard cherchait à
satisfaire ses rancunes personnelles et celles de
Robert d'Artois, l'ennemi juré de Philippe de
Valois. Aussitôt que ses affaires d'Ecosse lui
permirent de songer à de vastes entreprises,
Edouard se prépara à faire la guerre au roi de
France.

Les deux monarques se mirent en devoir de

se procurer des alliés. Tous deux jetèrent les yeux sur la Flandre, sur ce pays si fécond en ressources et peuplé d'une race si valeureuse ; ils s'y prirent de façon différente. Le roi de France s'adressa au comte Louis de Nevers ; le roi d'Angleterre s'adressa au peuple. Des émissaires anglais parcouraient le pays, représentant aux Flamands combien serait fâcheuse la rupture des relations commerciales avec l'Angleterre : ces relations étaient indispensables au bien-être de la Flandre. Ils cherchaient aussi à ranimer les vieilles haines contre la France, ce pays dont la politique constante était une longue conspiration contre la nationalité flamande.

Le roi de France avait pour lui le comte Louis, dont ni l'intelligence ni le cœur n'étaient à la hauteur de la situation qu'il occupait. Imposé de force à ses sujets par une armée étrangère qu'il avait lui-même appelée, il faisait peser sur le pays le calme factice de la terreur au fond duquel veillait et guettait une haine sourde qui n'attendait qu'une occasion pour éclater. Il était plus souvent à Paris que dans son comté; il se vantait du reste d'être plus français que flamand! Philippe VI engagea le faible comte à séjourner pendant quelque temps au milieu de son peuple pour tâcher de ressaisir l'influence qu'il avait perdue. Le comte Louis vint donc fixer sa résidence à Gand et fit tous ses efforts pour rentrer dans les bonnes grâces de cette commune. S'appuyant, aux yeux des bourgeois, sur les obligations féodales qui l'attachaient à la France, Louis de Nevers avait équipé des vaisseaux pour garder les côtes.

Lorsque les hostilités s'ouvrirent entre Philippe VI et Edouard III sur les frontières de la Guyenne, le comte de Flandre, sur les ordres de la France, manda à ses officiers de retenir prisonniers tous les Anglais qui se trouveraient en Flandre. Cette mesure imprudente provoqua de terribles représailles. Le 5 octobre 1336, Edouard ordonna à son tour que tous les marchands flamands fussent arrêtés dans son royaume, et tous leurs biens mis sous séquestre; il défendit en même temps la sortie des laines. Ce fut un coup de foudre pour la Flandre. Les laines anglaises manquèrent tout à coup à la manufacture des draps. La matière première faisant défaut, tous les métiers cessèrent de fonctionner le même jour. Un nombre immense d'ouvriers se trouvèrent sans travail et bientôt réduits à la plus atroce misère. Beaucoup furent forcés d'émigrer, et s'en allèrent mendier en Brabant, en Hainaut, en Artois, et dans tous les pays voisins.

Edouard III cherchait toutefois à ne pas s'aliéner les sympathies des communes flamandes : dès le 18 octobre, il écrivit au comte de Flandre et aux échevins des bonnes villes, pour leur témoigner son désir de voir la paix rétablie; un document, paru quelque temps après, nous apprend qu'à la date du 18 mars 1337, les relations commerciales n'avaient pas encore repris leur cours.

Cette situation violente ne pouvait durer ; Edouard III chargea l'évêque de Lincoln et les comtes de Salisbury et de Huntingdon, de se rendre en Flandre pour y conclure un traité. Les ambassadeurs anglais débarquèrent à Dunkerque et de là se dirigèrent vers Gand, dont les bourgeois, depuis si longtemps dévoués au comte, avaient ressenti plus que personne les déplorables effets des mesures qui les frappaient dans leur industrie. Un ancien compagnon de captivité de Guy de Dampierre, le vieux et fidèle Sohier de Courtrai, seigneur de Tronchiennes, avait osé déclarer que l'alliance de l'Angleterre était le premier besoin du pays. Il accueillit les ambassadeurs avec cordialité, et leur offrit l'hospitalité dans son hôtel.

De Gand, l'évêque de Lincoln se rendit auprès du comte Guillaume de Hainaut, père de la reine d'Angleterre. Dans l'entretien qu'ils eurent ensemble : « Cher Sire, lui dit le prélat, veuillez nous conseiller desquels seigneurs nostre roy se pourrait mieux aider ? —

» Sur l'âme de moi, répondit le comte, je ne saurais aviser seigneur si puissant pour lui aider en ces besognes comme seroit le duc de Brabant, qui est son cousin germain, aussi l'évêque de Liège, le duc de Gueldre, l'archevêque de Cologne, le marquis de Juliers.... Ce sont ceux qui auraient grand foison de gens d'armes en bref temps, mais que on leur donne

de l'argent à l'avenant ; si sont seigneurs et
gens qui gagnent volontiers. Et dites aussi au
roi de par moi que, du pays de Flandres,
par espécial, il soigne tant par prière ou par
contrainte qu'il en ait l'aide. » (FROISSART.)

En effet, l'argent aidant, le roi d'Angleterre
fit si bien qu'il attacha successivement à sa
cause l'archevêque de Cologne, le sire de Fau-
quemont, le marquis de Juliers, le comte de
Gueldre et le duc de Brabant lui-même, qui
avait perdu son fils, et dont cette mort avait
rompu les liens qui l'unissaient à la France.

Louis de Nevers, toujours dévoué à l'alliance
française et oublieux du passé, crut devoir comprimer par la violence la pensée nationale. Ses
premiers actes furent dirigés contre celui qu'il
considérait comme le chef du parti anglais, « ce
chevalier banneret qui était durement aimé à
Gand et tenu pour le plus preux chevalier de
Flandre, et le plus vaillant homme, et qui le
plus hardiment avait desservi ses seigneurs. »
(FROISSART). Sohier de Courtrai appelé perfi-
dement à Bruges, le 6 juillet, pour y assister
à une assemblée des communes, fut arrêté et

conduit au château de Rupelmonde, comme
coupable de trahison envers le roi de France :
son fils eut à peine le temps de chercher un
refuge en Angleterre.

Au moment où ils faisaient leurs préparatifs
de retour, les ambassadeurs anglais apprirent
que Louis de Nevers avait envoyé des vaisseaux aux bouches de l'Escaut pour s'emparer
d'eux, s'ils s'embarquaient à Anvers. La crainte
de tomber en son pouvoir les obligea d'aller en
Hollande chercher un navire à Dordrecht.
Edouard III fut vivement ému de leurs plaintes
et jura de châtier le comte de Flandre. Cinq
cents hommes d'armes et deux mille archers
quittèrent le port de Gravesand, et firent voile
vers la Flandre. On comptait parmi eux d'illustres chevaliers. Le comte de Flandre, s'attendant à être attaqué, avait placé cinq mille
hommes d'armes dans l'île de Cadzand. Guy,
son frère bâtard, y avait conduit avec lui les
plus nobles chevaliers du parti *leliaert*. Tandis
que les archers anglais les forçaient, en lançant
une grêle de flèches, à abandonner les digues
où ils avaient planté leurs bannières, Gautier

de Mauny, l'un des meilleurs capitaines anglais, suivi de ses compagnons, s'élançait sur le rivage. Pas une parole n'avait été échangée ; la lutte fut terrible. Les Flamands combattirent avec vaillance, mais à la fin les Anglais l'emportèrent. Ils pillèrent toute l'île de Cadzand et, lorsque leur flotte rentra dans la Tamise, elle ramenait prisonniers plusieurs seigneurs flamands et le frère du comte de Flandre.

Louis de Nevers, toujours dévoué à la cause française, se rendait de ville en ville pour engager les communes à rester fidèles à la France. Philippe de Valois ne cherchait qu'à seconder les efforts du comte pour se concilier l'affection des bourgeois. Le 15 août 1337, il remit aux communes quatre-vingt mille livres qu'elles lui devaient pour deux années de leur rente annuelle et réduisit de moitié le payement échu le 1 mai 1337, en leur accordant pour le surplus un nouveau délai. Peu de temps après, le roi de France permit aux bourgeois de Bruges de recreuser leurs fossés entre la porte Sainte-Catherine et celle de Coolkerke, parce qu'ils se plaignaient de la mauvaise qualité de

leurs eaux pour la fabrication de la bière.
Après la victoire des Anglais à Cadzand, il
autorisa les Brugeois à relever leurs remparts.
Enfin le roi de France libéra les communes
flamandes du second paiement de leur rente
annuelle de quarante mille livres parisis.

Le roi de France ne put cependant obtenir
de la Flandre des secours contre l'Angleterre.
Dans tout le comté, Louis de Nevers, avec un
petit nombre de nobles, tenait le parti de la
France. Bien que toutes les faveurs fussent
pour Bruges, cette ville partageait les misères
de Gand et d'Ypres; et ces trois grandes cités
avaient trop à souffrir pour ne pas se prononcer
hautement pour le roi d'Angleterre.

Les Gantois avaient en vain envoyé des
députés au comte de Flandre, au roi de France,
au duc de Brabant, au comte de Hainaut, pour
obtenir l'élargissement de Sohier de Courtrai.

Il y avait alors à Gand un bourgeois que ses
concitoyens nommaient le *sage homme* : c'est
le héros des communes du moyen âge, l'illustre
Jacques van Artevelde, la plus grande figure
historique de cette époque de nos annales.

Jacques van Artevelde ou d'Artevelde était né à Gand vers 1285 ; il appartenait à une famille noble, bien qu'inscrite aux registres des corporations industrielles. Son père, Jean van Artevelde, avait été, à plusieurs reprises, échevin de la ville de Gand. Sa mère s'appelait Livine Degroote, et était sœur de Marie Degroote, femme de Josse d'Halewyn, et tante de Henri Degroote, moins célèbre comme secrétaire du duc de Bourgogne, Philippe le Hardi, que comme aïeul de Hugues Grotius. Une des filles de Jean van Artevelde avait épousé Gilles Damman, et elle vit son fils s'allier aux puissantes maisons des Bette et des Vaernewyck ; l'autre avait donné sa main à un petit-neveu du docteur solennel, à Baudouin Goethals, dont la famille n'était pas étrangère à celle de Guillaume Winemare. On voit combien de noms illustres dans l'histoire nationale entourèrent le berceau d'un homme que des écrivains étrangers ont appelé dédaigneusement un *marchand de bière!*

Jacques van Artevelde avait dans sa jeunesse, accompagné à Paris, son oncle, Gautier

van Artevelde, attaché au service de Robert
de Béthune, lorsque celui-ci alla avec son
vieux père, en 1300, se confier à la générosité
de Philippe le Bel. Il suivit Charles de Valois
en Italie, en Grèce et à la conquête de l'île de
Rhodes. De retour en Flandre, il contracta
mariage avec Catherine de Tronchiennes, fille
de Sohier de Courtrai, dont la famille alliée
aux ducs de Brabant et aux comtes de Flandre,
cachait son origine dans les ténèbres du neu-
vième siècle.

Le sage homme ne croyait pas déroger en
s'occupant, comme tant d'autres gentilshommes
flamands, d'industrie au milieu des foulons et
des tisserands, d'agriculture dans ses polders
de Basserode. Il s'était fait affilier à une corporation, celle des brasseurs. Sa fortune et la
considération personnelle dont il jouissait, l'en
avait fait nommer doyen. Il exerça bientôt la
plus grande influence par le seul ascendant de
son caractère et de sa sagesse. Doué d'une intelligence supérieure, d'un esprit subtil et profond, d'une rare sagacité pour découvrir la
cause des effets et deviner l'effet probable des

causes, il avait la parole sobre et réservée, mais ferme, exacte et persuasive. Le peuple répétait ses discours comme des oracles. On savait qu'il avait dit un jour : « Oh ! si l'on voulait m'entendre et croire, j'aurais en peu de temps remis la Flandre en bon état, et l'on y pourrait très bien gagner sa vie sans être mal ni avec le roi de France, ni avec le roi d'Angleterre ! » La chose paraissait difficile, mais on ne doutait pas que si le sage homme l'avait dit, c'est qu'il en avait effectivement le moyen.

Le second jour de Noël, 26 décembre 1336, dans l'après-midi, de nombreux rassemblements s'étaient formés sur les places publiques de Gand; on s'y entretenait avec animation de la misère du peuple et de la ruine imminente de la cité. Dans un de ces groupes, un ouvrier s'écria : « Allons, allons ouïr le bon conseil du sage homme ! » Tout le monde applaudit à ces paroles et l'on se dirigea aussitôt vers la demeure de l'illustre bourgeois. Tous les autres groupes suivirent la même impulsion et, de rue en rue, le cortège grossissant toujours, une multitude immense vint déboucher au *Padden-*

hoeck, où habitait van Artevelde. Le chef-doyen était à sa porte, regardant tranquillement ce qui se passait dans la rue. D'aussi loin que ses concitoyens l'aperçurent, ils le saluèrent et lui firent grand honneur, et quelques-uns des principaux bourgeois s'approchant de lui avec de grandes marques de déférence lui dirent :

« — Cher Seigneur, veuillez nous entendre. Nous venons à vous à conseil ; car on nous assure que votre sens et vos qualités remettront le pays de Flandre en bon point. Or, dites-nous comment, et vous aurez fait une belle œuvre ! »

Alors van Artevelde s'avança et dit :

« — Seigneurs compagnons, je suis natif et bourgeois de Gand, et j'y ai le mien ; sachez que de tout mon pouvoir je voudrais vous aider et sauver notre patrie. S'il était un homme qui se sentît capable de si grande chose, j'exposerais mon corps et mes biens pour me joindre à lui. Si vous autres vous vouliez m'être frères, amis et compagnons, et vous unir à moi de tout cœur, je l'entreprendrais volontiers, tout indigne que j'en suis. »

Alors tout d'une voix les Gantois s'écrièrent :

« — Nous vous promettons loyalement de vous soutenir en toutes choses et d'y aventurer corps et biens ; car nous savons que dans le comté de Flandre, il n'y a homme, sinon vous, qui soit digne de ce faire. » (FROISSART).

Voyant la confiance que ses concitoyens mettaient en lui, van Artevelde les engagea à se réunir le surlendemain dans le préau du monastère de la *Biloke*.

Ce monastère avait reçu de nombreux bienfaits des aïeux de Sohier de Courtrai, il était en dehors de la juridiction des échevins. Un immense concours de peuple s'y porta. Van Artevelde parla éloquemment des misères du peuple et de la décadence des vieilles libertés de la commune. Il exposa ensuite les remèdes qu'il fallait apporter à ce triste état des choses. On avait besoin, selon lui, d'être amis de l'Angleterre sans laquelle on ne pouvait vivre ; mais on ne devait pas pour cela se mettre en guerre avec le roi de France ; il s'agissait seulement de rester *neutre* : les communes du Brabant, du Hainaut, de la Zélande et de la Hollande, ayant les mêmes intérêts, se tien-

draient certainement avec les Flamands. —
Les paroles du sage homme émurent profon-
dément le peuple, et réveillèrent l'espérance
dans tous les cœurs. — Observer une stricte
neutralité entre les deux puissances belligé-
rantes et s'appuyer, pour la faire respecter,
sur une fédération entre le comté de Flandre
et les principautés voisines de Brabant, de
Hainaut, de Hollande et de Zélande : tel fut,
en résumé, le moyen qu'il exposa comme le
seul capable de ramener dans le pays la paix
et la prospérité.

L'assemblée se sépara convaincue, que le
doyen avait touché du doigt la vérité, et que
le salut de la Flandre reposait tout entier sur
son grand sens et son patriotisme.

La commune de Gand s'assembla aussitôt,
et, le 3 janvier, elle rétablit les charges de
capitaine de paroisse (*Hooftmans*) qui avaient
existé dans tous les temps où la ville s'était
vue exposée à quelque péril imminent. Jacques
van Artevelde fut élu à l'unanimité capitaine
de la paroisse de Saint-Jean, et on lui attribua
de plus le gouvernement supérieur de la cité

(*'t beleet van der stede*). Une garde spéciale fut chargée de veiller à la conservation de sa personne. Le 5 janvier 1338, Thomas de Vaernewyck, premier échevin, fit publier diverses ordonnances pour le maintien de l'ordre public. Il n'était permis à personne de sortir après le couvre-feu, et tous ceux qui avaient été bannis par les échevins des bonnes villes, devaient quitter le pays dans le délai de trois jours. La bourgeoisie fut organisée de nouveau en corps de milice, par connétablies ou voisinages, chargés de faire la police de leurs quartiers respectifs.

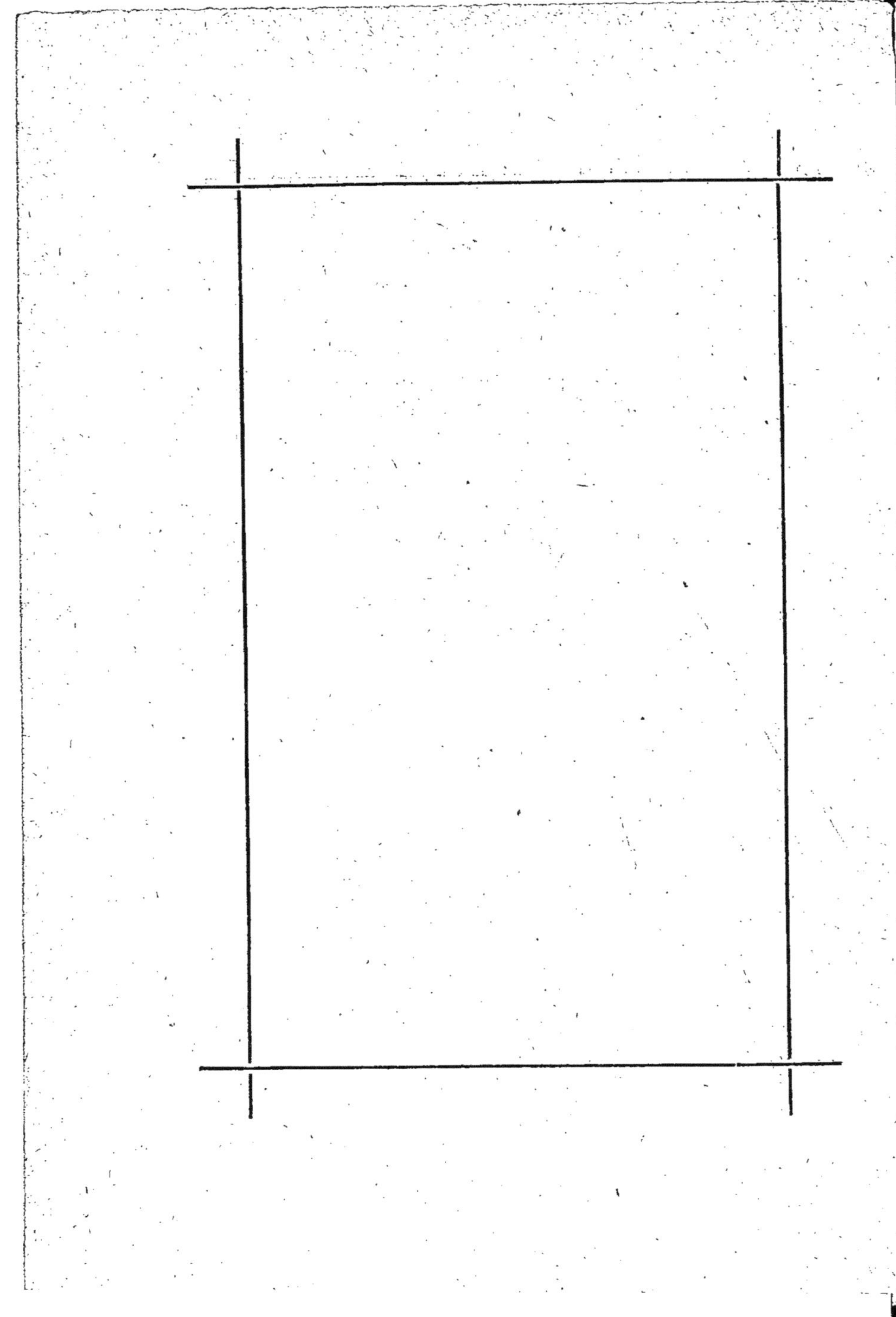

CHAPITRE II.

ADMINISTRATION DE VAN ARTEVELDE. — LA VILLE
DE GAND EN INTERDIT. — MORT DE SOHIER DE
COURTRAI.

LE comte de Flandre n'avait pas quitté
Gand; il redoublait d'efforts pour éloigner
les Gantois de toute alliance avec l'Angleterre.
Rien ne fut négligé pour le débarrasser de
Jacques van Artevelde; mais promesses, menaces, embûches, tout échoua. Le peuple, dont
ce dernier était l'idole, veillait sur lui avec une
sollicitude jalouse. Une nombreuse garde bu-

vait, mangeait en sa maison et l'escortait partout.

Louis de Nevers prit ombrage de cette autorité populaire. Il manda van Artevelde à son château de Gand. Le capitaine de Saint-Jean s'y rendit, escorté comme toujours d'une foule considérable de citoyens. Le comte engagea van Artevelde à bien tenir le peuple de Flandre dans l'obéissance du roi de France. Van Artevelde répondit avec une fermeté calme et digne :

— « Seigneur, je ferai ce que j'ai promis à la commune pour son bonheur et celui du pays. Rien ne saurait me rebuter et, au plaisir de Dieu, j'en viendrai bien à bout. »

Il salua humblement le comte et quitta la salle. Les nobles qui entouraient Louis de Nevers, et ses plus intimes conseillers le poussaient à faire disparaître van Artevelde. Mais la chose n'était pas facile. Le peuple, comme nous l'avons dit, faisait bonne garde autour de son défenseur et déjouait toutes les embûches, toutes les tentatives d'assassinat. « Mais rien n'y valait, car toute sa communalté estoit pour luy. » (FROISSART).

Tous les efforts de Louis de Nevers furent donc inutiles. Le comte voulut user d'un dernier moyen qu'il croyait infaillible : l'action du clergé. L'évêque de Cambrai convoqua à Eecloo les députés des villes flamandes, et écouta leurs doléances contre le comte. Il leur promit au nom du roi Philippe d'ouvrir au commerce flamand les frontières de France, à condition qu'ils reconnaîtraient l'entière autorité du comte et se détacheraient complètement de l'Angleterre.

Les députés répondirent :

— « Il est vrai, Seigneur, que de France nous viennent les blés ; mais pour acheter, il faut avoir de quoi payer. Or nous tirons d'Angleterre des laines qui nous donnent grand profit et nous permettent de vivre à l'aise et joyeusement. D'ailleurs, les gens du Hainaut nous fourniraient assez de blés sans avoir recours à la France si nous étions d'accord avec eux. »

Voyant échouer cette dernière tentative, le comte de Flandre craignit qu'on ne le retînt captif à Gand comme il l'avait été autrefois à

Bruges ; il prétexta une partie de chasse au milieu d'une fête et gagna en grande hâte le château de Male .

Van Artevelde, sûr de son influence, non seulement sur la commune de Gand, mais sur toute la Flandre, envoya à Louvain près du comte de Gueldre, plénipotentiaire d'Edouard III, deux échevins Jacques Masch et Jean Willade. Ceuxci déclarèrent au comte que, quelle que fût la conduite de Louis de Nevers, les communes et le peuple de Flandre garderaient le roi Edouard en leur amitié, pourvu qu'il permît aux marchands flamands d'aller, comme par le passé, chercher leurs laines en Angleterre. Le comte leur accorda la faculté d'acheter de la laine à l'entrepôt de Dordrecht, et l'administration communale résolut, sous l'impulsion de Jacques van Artevelde, de faire les premières acquisitions à ses risques et périls. La joie des hommes de métier fut alors à son comble, et l'autorité déjà si grande du sage homme s'accrut encore bien davantage.

En ce moment, le comte de Flandre continuait à dissimuler vis-à-vis des Gantois : il parut même approuver, dans une assemblée qui eut lieu à Bruges, les négociations entamées avec le comte de Gueldre. En agissant ainsi, il ne suivait, on ne saurait en douter, que les conseils du roi de France, dont l'armée n'était pas en état de combattre, et qui était obligé de temporiser. Deux échevins de Gand furent chargés de se rendre auprès du roi de France. Comme le peuple ne voulait pas rompre complètement avec ce prince, les échevins devaient disculper les Gantois de toutes les accusations que l'on dirigeait contre eux. Le roi répondit « qu'il tenait la ville pour excusée, et était disposé à la protéger toujours dans son industrie et dans ses libertés. »

Les bourgeois de Gand se rassurèrent complètement. La grande foire, qui se tient dans cette ville, le dimanche de *Laetare*, y réunit un grand nombre de marchands étrangers. La joie publique s'y manifestait de toutes parts, lorsque tout-à-coup de sinistres nouvelles y répandent la consternation.

Le comte de Flandre, se conformant à l'ordre du roi de France, avait envoyé des bourreaux

au château de Rupelmonde, où Sohier de Courtrai était captif. Le vieux compagnon de Guy
de Dampierre a été exécuté dans le lit où le
retenaient ses infirmités. Le même jour, l'évêque
de Senlis et l'abbé de Saint-Denis étaient arrivés
à Tournai et, dès le lendemain, ils avaient fait
lire, sur la place du marché, une sentence d'excommunication contre les Gantois.

Il est évident que le roi de France a voulu
donner en spectacle aux bourgeois des villes de
Flandre présents à la foire, la désolation et la
stupeur des Gantois. Mais Jacques van Artevelde oppose sa fermeté à l'effervescence publique et rassure tous ceux qui réclament l'appui de ses conseils. « L'appel au pape, leur
dit-il, est un droit qui ne peut nous être en-
levé; » et il ajoute que déjà il a chargé Jean
Van den Bossche d'aller consulter les clercs de
Liège sur les moyens à employer pour suspendre immédiatement les effets de l'interdit.

Philippe de Valois était encore une fois
trompé dans son attente. De nouvelles conférences eurent lieu sans résultat. Le 7 avril,
le connétable entra dans Tournai avec des

forces considérables, et, deux jours après, le roi de France y arriva lui-même. Un corps de chevaliers *Leliaerts*, qui s'était retiré après la défaite de Cadzand dans le château de Biervliet, devait s'associer à l'attaque qu'on préparait en secret contre la ville de Gand.

Le 11 avril, veille de la fête de Pâques, l'approche d'un grand danger est subitement annoncé aux Gantois par les coups redoublés de *Roelandt*, la fameuse cloche du beffroi. « Je m'appelle *Roelandt*, disaient deux vers inscrits sur son vaste pourtour : quand je tinte, il y a incendie; quand je sonne, c'est la guerre qui éclate au pays de Flandre. » Un gros de cavalerie avait été aperçu du haut de la tour de Saint-Nicolas. Aussitôt le peuple sort en foule par les rues; les capitaines des paroisses, les doyens des métiers rallient leurs hommes sous leurs bannières respectives. On se prépare à faire une vigoureuse résistance. Dix jours se passent sans que Philippe de Valois ose prendre la résolution de marcher en avant.

Le 22 avril, Jacques van Artevelde annonce aux Gantois qu'il a fait rompre le pont de

Deynze que devaient traverser les Français,
et qu'ils n'ont plus rien à craindre de leurs préparatifs ni de leurs menaces ; il leur propose
de se diriger vers le camp des *Leliaerts* à
Biervliet. Par son ordre, les trompettes ne
cessent de sonner pendant tout le reste du
jour. Le lendemain, les échevins, les capitaines
des paroisses, les doyens des métiers montent
à cheval suivis des bourgeois coiffés de leurs
chaperons blancs, et traînant après eux les
machines qui doivent servir à l'assaut du château de Biervliet. « Ils allaient, disent les
comptes manuscrits de la ville de Gand, rétablir
la paix du pays et assurer la défense de ses
lois, de ses libertés et de son industrie. »

Cependant le comte de Flandre crut qu'il
fallait profiter des circonstances du moment et
de leurs anciennes querelles avec les Gantois
pour soumettre complètement les bourgeois de
Bruges à son autorité ; il espérait que ceux-ci
se montreraient bien disposés en sa faveur,
se persuadant qu'ils n'avaient pu oublier que,
par une charte récente, il venait de rétablir
leurs anciens privilèges tels qu'ils les avaient

reçus après la bataille de Courtrai. Le 25 avril, il quitta son château de Male avec quelques chevaliers et alla planter sa bannière sur la place du marché. Heureusement, cette fois encore, le sentiment national parla plus haut que l'intérêt local : la commune tout entière prit les armes et força le comte à se retirer à Male.

Au premier bruit de cette tentative, Jacques van Artevelde, victorieux à Biervliet, hâta sa marche vers Bruges. L'alliance des deux communes rivales y fut proclamée et, dans une réunion solennelle tenue au monastère d'Eeckhout, à laquelle assistaient les députés d'Ypres et ceux du Franc, il fut décidé que les trois bonnes villes de Flandre, tant en leur nom que pour les châtellenies voisines, gouverneraient le pays d'un commun accord. Chacune d'elles devait élire trois députés, dont la réunion formerait une assemblée permanente d'états, chargée de veiller aux intérêts de la Flandre entière, et qui fut connue plus tard sous le nom des *trois membres de Flandre*. Cette institution tutélaire résista pendant quatre siècles et demi aux vicissitudes politiques et ne disparut qu'avec la gloire et le nom même de la Flandre. Elle fut l'œuvre de Jacques van Artevelde et suffit pour immortaliser son nom.

Le 29 avril 1338, les représentants de toutes les communes de Flandre — la ville de Bruges comptait parmi eux cent huit députés dont l'un était Jean Breydel, — se rendirent au château de Male, et là Jacques van Artevelde, parlant au nom de tous, exposa au comte ce qui avait été arrêté au monastère d'Eeckhout. Louis de Nevers, cédant devant cette expression unanime du sentiment national, jura que désormais il maintiendrait les libertés de la Flandre, telles qu'elles existaient avant le traité d'Athies. Peu de jours après, il répéta le même serment à l'assemblée générale d'Oostcamp.

Ainsi, grâce aux efforts de Jacques van Artevelde, la paix du pays avait été rétablie en moins de quatre mois ; toutes les rivalités, toutes les haines s'étaient calmées ; et l'on vit au mois de mai 1338, une députation composée de Jacques van Artevelde, de Guillaume de Vaernewyck, de Hugues de Lembeke, de Henri

Goethals, de Jean Breydel, de Jacques de
Schotelaere et d'autres bourgeois désignés par
les villes de Gand, de Bruges et d'Ypres, par-
courir toute la Flandre, depuis Bailleul jusqu'à
Termonde, depuis Ninove jusqu'à Dunkerque,
« pour réconcilier les bonnes gens des communes avec le comte de Flandre, tant pour
l'honneur du comte que pour la paix du pays. »

Depuis cette époque, les réunions des députés
des communes deviennent très fréquentes : elles
ont lieu successivement à Courtrai, à Bruges,
à Ypres, à Roulers, à Gand. Jacques van Artevelde leur a confié une mission aussi difficile
qu'elle est noble et élevée, le soin de faire
prospérer l'industrie flamande à la faveur *de
la neutralité*, au milieu des guerres les plus
sanglantes et de s'assurer à la fois l'alliance
commerciale du roi de France, — qui hait pro-
fondément la Flandre, — et celle du roi d'Angleterre, qui ne la flatte peut-être que pour
mieux l'attirer à lui.

C'est à cette époque que l'on décerna à van
Artevelde le titre de *Ruwaert* (gardien du repos
public), avec toute l'autorité d'une dictature.

suprême. Dès lors, Jacques van Artevelde fut le véritable souverain de Flandre et l'unique arbitre des destinées du pays !

CHAPITRE III.

NÉGOCIATIONS AVEC L'ANGLETERRE ET LA FRANCE. —
TRAITÉ D'ANVERS. — DÉCLARATION DE PARIS. —
LEVÉE DE LA SENTENCE D'INTERDIT.

E roi d'Angleterre Edouard III se montrait de plus en plus favorable aux communes flamandes. La dépêche suivante fut adressée aux Gantois :

« Le roi à très-sages personnes, les conseil-
» lers, écheyins, bourgmestre et membres de
» la commune de Gand, ses très-chers amis,
» salut et sincère affection.

» Nous avons appris avec bonheur, et toute

» notre âme en est pénétrée de joie, que vous
» avez conclu un traité avec nous, et que
» malgré les périls qui vous menacent, vous
» vous exposez si généreusement pour nous,
» vos vies et vos biens : nous espérons qu'avec
» l'aide de Dieu nous pourrons vous en témoi-
» gner notre reconnaissance. »

Les lettres qu'il adressait aux magistrats de
Bruges et d'Ypres étaient conçues en ces
termes : « Le souvenir de l'amitié qui a existé
autrefois entre votre commune et notre maison
royale nous fait désirer vivement qu'une alliance
stable ait lieu entre vous et nous pour notre
avantage mutuel. » Il finissait en leur annon-
çant le départ de ses ambassadeurs, l'évêque
de Lincoln et les comtes de Northampton et
de Suffolk pour le Brabant.

Les communes de Flandre se hâtèrent de répondre à ces lettres, en envoyant Jacques
Masch et leurs autres députés à Anvers, où se
trouvaient le comte de Gueldre et les ambassadeurs anglais. Le traité suivant y fut scellé
le 10 juin 1338 :

« Henri, évêque de Lincoln, — Guillaume,

comte de Northampton, — Robert, comte de Suffolk, savoir faisons à tous que nous avons traité voie et substance d'amitié avec les bonnes gens des communes de Flandre, en la forme et manière qui ci-après s'ensuit :

» Premièrement, ils pourront aller acheter les laines et autres marchandises qui ont été transportées d'Angleterre en Hollande, en Zélande ou en quelque autre endroit que ce soit, et tous les marchands de Flandre qui se rendront dans les ports d'Angleterre y seront saufs et francs de leur corps et de leurs biens, de même qu'en tout autre lieu où les aventures les pourraient assembler.

» Item nous avons accordé avec les bonnes gens et avec tout le commun pays de Flandre qu'ils ne se doivent point mêler, ni entremettre en aucune manière, par confort de gens ou de batailles, des guerres de notre seigneur le roy — et de noble homme, sire Philippe de Valois (qui se tient pour roi de France), aidant, ne nuisant ne l'un ne l'autre, ne leur aidance.

» Item avons accordé que notre Seigneur le Roy, ses gens ou aidants ne doivent point passer par le pays de Flandre armés ou désarmés.... s'il advenait que notre Seigneur le Roi, ses gens ou aidants, voulussent venir en Flandre pour adamagier le sire Philippe, (se disant roi de France), adoncques pourront les Flamands aider leur droit seigneur, le comte de Flandre, à faire contre tel propos résistance et défense.

» Notre seigneur le roi, ses gens et aidants pourront aller dans les eaux de Flandre sans empêchements — avec leurs navires ; — et s'il arrivait qu'une tempête forçât les navires anglais à relâcher au hâvre de Swyn ou à l'Ecluse, aussitôt la tempête cessée, ils devraient partir.

» Par les convenances et conditions contenues en ces présentes lettres, n'est pas lié le comte de Flandre ; il peut servir qui lui semble bon ; mais les gens de bonne nation, ni les bourgeois, ni les habitants des villes ne serviront dans ce cas au comte de Flandre, en tant que les villes le pourront éviter selon leurs coutumes et franchises.

» Donné à Anvers, le mercredi après le jour de la Trinité. » *(Archives d'Ypres).*

Pendant que les députés des communes flamandes travaillaient à ce traité si avantageux
pour elles, Jean Uutenhove et Thomas de
Vaernewyck s'étaient rendus à Paris pour annoncer à Philippe de Valois la réconciliation
cordiale du comte et du pays de Flandre, et la
convention que l'on avait le projet de conclure
avec le comte de Gueldre pour prévenir la
ruine des corps de métiers. Philippe était trop
habile pour s'aliéner totalement l'esprit des
Flamands dans un moment aussi critique; il
dissimula et remit aux députés gantois pour
être lues à leurs concitoyens, les lettres dont
la teneur suit :

« Philippe, par la grâce de Dieu, roi de
France... faisons savoir que comme notre cher
et féal cousin le comte de Flandre nous a fait
supplier par ses messagers que nous voulussions
gracieusement recevoir les supplications des
communes et habitants des villes de son pays
de Flandre, lesquels nous ont fait exposer les
graves nécessités qu'ils souffraient pour défaut
de marchandises, et la grande douleur et perte
où ceux de la ville de Gand et leurs adhérents

étaient des sentences d'excommunication et d'interdit où ils étaient...... Nous leur avons pardonné et remis leurs méfaits, et nous plaît que des dites sentences ils aient l'absolution.

» Item nous voulons et octroyons que tous Flamands puissent marchander avec marchands anglais, par ainsi que nul contraire à nous ou à notre royaume ne soit reçu en armes, ou à multitude de gens sans armes en pays de Flandre.... Nous ne chargerons pas le commun et les gens de Flandre de s'armer pour nous à cette présente guerre que dans le cas où nos ennemis voudraient pénétrer dans notre pays par la Flandre... Quand nos navires seront dans les eaux de Flandre, ils pourront y faire de l'eau et des vivres.... si que les marchands et marchandises ne soient troublés en la bonne paix du pays flamand.

» Donné à Paris, le 13 juin 1338. »

Le 23 juillet, l'évêque de Senlis arriva à Gand pour y lever la sentence d'interdit, et Louis de Nevers se rendit solennellement à Tournai avec les députés des communes de

Flandre pour y assister aux cérémonies religieuses des fêtes de l'Assomption.

Cette double négociation, qui se termine à trois jours d'intervalle, marque l'apogée de la grandeur des communes flamandes. Epoque vraiment mémorable et digne d'admiration, s'écrie M. Kervyn de Lettenhove, où les rois d'Angleterre et de France de crainte de voir la Flandre se ranger sous une bannière hostile, lui accordaient à l'envi les plus vastes privilèges commerciaux, et semblaient, en réservant à leurs propres peuples tous les maux de la guerre, assurer à nos cités le monopole de l'industrie et l'asile de la paix du monde.

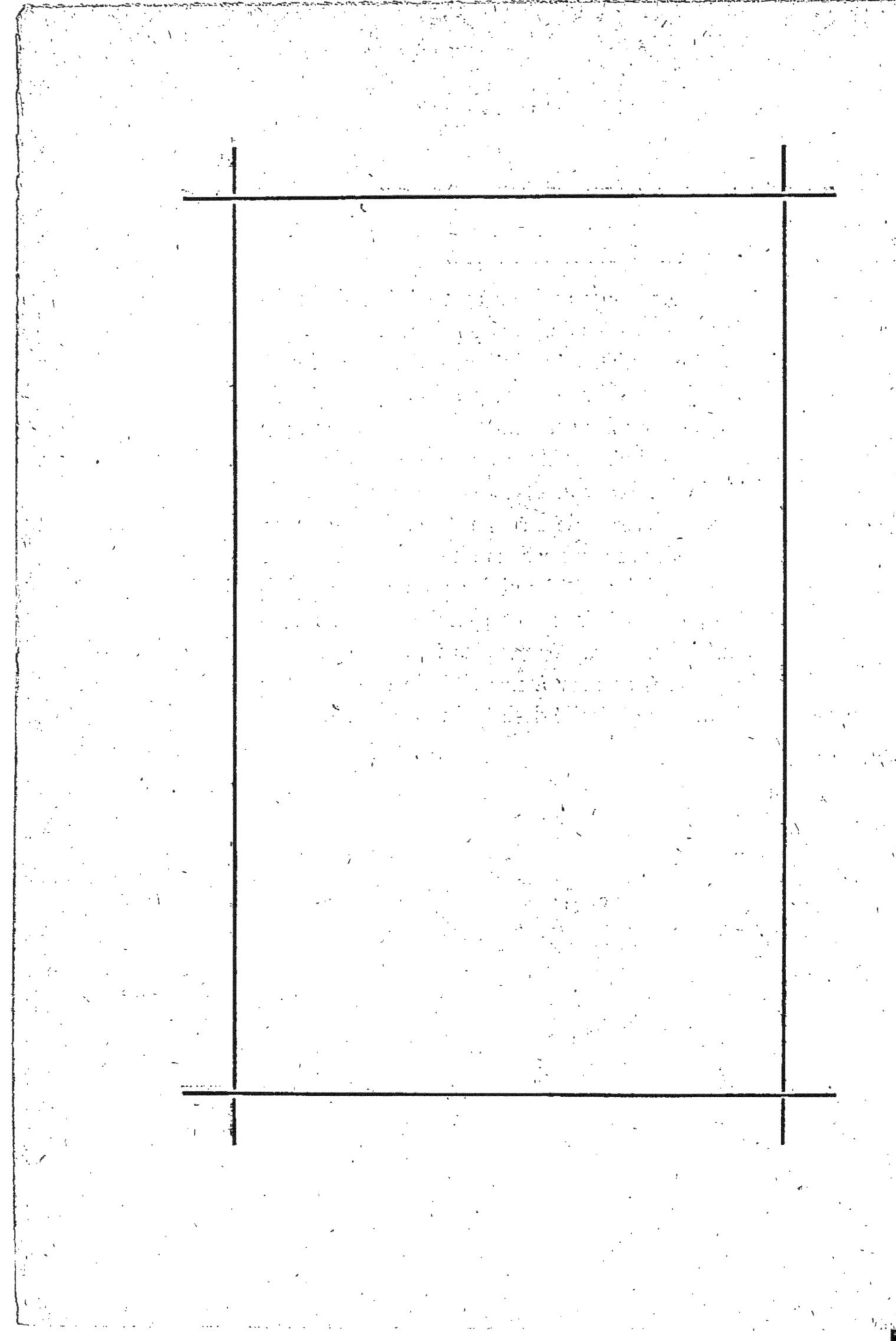

CHAPITRE IV.

ARRIVÉE DU ROI D'ANGLETERRE A ANVERS. — ÉDOUARD III
NOMMÉ VICAIRE IMPÉRIAL. — LUTTE CONTRE LA
FRANCE. — SIÈGE DE CAMBRAI.

EDOUARD III poursuivait le cours de ses
desseins. Il avait obtenu du parlement
un subside de vingt mille sacs de laine, et
bientôt une flotte nombreuse réunie dans les
eaux de la Tamise recevait le roi d'Angleterre,
la reine Philippine de Hainaut et un grand
nombre d'illustres chevaliers. Sept jours après,
ils s'arrêtaient au port de l'Ecluse, où Jacques
van Artevelde s'était rendu avec les députés

des communes flamandes pour les saluer. Un
chroniqueur contemporain prête au roi d'Angleterre le dessein de descendre en Flandre,
malgré le traité d'Anvers ; — il ajoute que
Jacques van Artevelde s'y opposa, et fit respecter la neutralité des communes flamandes.

Edouard III continua sa route vers Anvers,
où il séjourna quelque temps. Il s'y occupa à
resserrer son alliance avec le comte de Hainaut,
son beau-père, et avec son cousin, le duc de
Brabant. Mais les bourgeois de Flandre persistèrent dans le dessein de maintenir leur
neutralité. Quelque grands que fussent les présents et les honneurs que leur offrit Edouard,
les députés déclarèrent qu'ils ne voulaient pas
s'associer à la ligue dirigée contre Philippe de
Valois.

Le roi d'Angleterre se rendit ensuite de sa
personne en Allemagne, auprès de l'empereur
Louis de Bavière. Vers les premiers jours de
septembre, celui-ci le proclama vicaire de l'empire, dans une assemblée tenue à Coblentz ;
dans une autre assemblée qui eut lieu à Herck,
dans le Limbourg, Edouard III, assis sur un

trône et la couronne sur le front, reçut l'hommage des feudataires impériaux et les invita à se réunir pour former le siège de la ville de Cambrai, que le roi de France avait enlevée à l'empire.

Dans l'intervalle, Edouard ne cessa point ses relations avec les communes de Flandre. Il fit de grands emprunts aux bourgeois de Gand, et remit même les riches joyaux de la couronne d'Angleterre en gage chez les Bardi, changeurs florentins fixés à Bruges. Au mois de novembre 1338, il chargea le comte de Gueldre de négocier le mariage de sa fille Isabelle avec Louis de Male, fils du comte de Flandre; puis il proposa de rétablir en Flandre l'étape des laines anglaises; c'était le vœu constant des communes et le plus grand bienfait que leur industrie pût recevoir d'un prince étranger. Mais le devoir l'emporta sur l'intérêt : rien n'ébranla leur serment de rester fidèles au roi de France, leur seigneur suzerain, et de garder une sévère neutralité dans les guerres qui se préparaient. Tout prouve que les communes flamandes étaient sincères dans cette résolution et que, si les évènements ne s'y fussent opposés, Jacques van Artevelde y eût persévéré : comme nous l'avons vu, l'idée première de cette abstention pacifique et industrielle était due à l'habileté et au patriotisme du sage homme.

En janvier 1339, Philippe de Valois déclara de nouveau aux députés de la commune de Gand qu'il excusait leurs traités avec le roi d'Angleterre ; il leur remit des lettres par lesquelles il renonçait à toutes les créances qu'il aurait pu posséder à charge des bourgeois de Flandre. De plus, considérant, disait-il, qu'ils sont « gens rudes, simples et ignorants, et ne tendant mie à s'enrichir de leurs biens, ni eux à endammager, il leur pardonne tous leurs meffais ou mespris contre les pais par erreur ou par simplèce. » *(Archives de Bruges et d'Ypres).*

Nous allons voir que les faits ne s'accordaient guère avec ces paroles.

Dans les premiers jours de décembre, le roi de Navarre était arrivé avec un grand nombre d'hommes d'armes à Tournai. D'autres chevaliers occupaient les cités de Lille, de Douai et de Saint-Omer. Tout cela semblait annoncer une nouvelle prise d'armes des *Leliaerts*.

On vit en effet ces derniers diriger une première entreprise contre Bergues, où ils mirent à mort vingt-cinq bourgeois. Encouragés par ce succès, ils se portèrent rapidement vers Dixmude, où le comte de Flandre s'empressa de venir les rejoindre. Ils comptaient pouvoir s'emparer aisément de la ville de Bruges, parce que la milice de la commune était retenue en ce moment vers les frontières du Brabant, au siège du château de Liedekerke, que défendaient quelques *Leliaerts*. Cependant, au premier bruit de l'arrivée du comte à Dixmude, les bourgeois de Bruges s'étaient hâtés de rentrer dans leurs foyers, et, le 12 février, vers le soir, ils se trouvaient à Beerst, sous les ordres du bourgmestre Gilles de Coudébroeck et de leur capitaine Jean de Cockelaere; ils voulaient profiter de la nuit pour pénétrer dans Dixmude, et surprendre pendant leur sommeil, le comte et ses chevaliers. Louis de Nevers reposait déjà, lorsqu'on l'éveilla précipitamment pour lui annoncer l'approche des Brugeois. A peine eut-il le temps de saisir son armure et de monter à cheval. Les nobles qui l'entouraient parvinrent à briser les portes de la ville que les bourgeois voulaient tenir fermées ; le comte s'élança à toute bride hors des remparts, et ne s'arrêta qu'au pied des tours de Saint-Omer.

Les communes de Flandre adressèrent à Philippe de Valois les plaintes les plus vives contre la trahison qui les avait menacées, et réclamèrent la restitution des châtellenies de Lille et de Douai, dont elles n'avaient été dépossédées que par la fraude et la violence. Le roi fit bon accueil à leurs députés, mais ne se prononça point sur leur demande.

Le 1er septembre 1339, Edouard III réunit ses forces à celles des princes allemands ses alliés : la jonction eut lieu à Malines. L'armée traversa le Brabant et le Hainaut pour aller faire le siège de Cambrai ; cette ville fut investie par quarante mille hommes. Le roi d'Angleterre ne put s'en emparer. Il se retirait quand il apprit que le roi Philippe s'avançait

du côté de Péronne avec une armée considérable. Aussitôt il se porta au-devant de l'armée
française. Un héraut alla de la part d'Edouard
provoquer le roi de France « pouvoir contre
pouvoir. » Le héraut fut bien accueilli et ren-
voyé avec force beaux présents, « pour le re-
mercier de ses bonnes nouvelles. » Malgré cette
belliqueuse ardeur, d'autres conseils préva-
lurent. La bataille avait été fixée au vendredi
22 octobre. La journée se passa, pour l'armée
française, à délibérer et, la nuit suivante,
Edouard partit avec ses alliés sous prétexte
qu'il ne pouvait plus attendre davantage.

— « Il lui faudra beaucoup de chevauchées
comme celle-là pour conquérir le royaume, »
dit Philippe de Valois.

Le roi de France renvoya une partie de son
armée et employa l'autre à renforcer les garnisons de la Flandre Wallonne, de Cambrai et
de Tournai. Il se retira à St-Quentin. Edouard
retourna en Brabant où il licencia son armée.

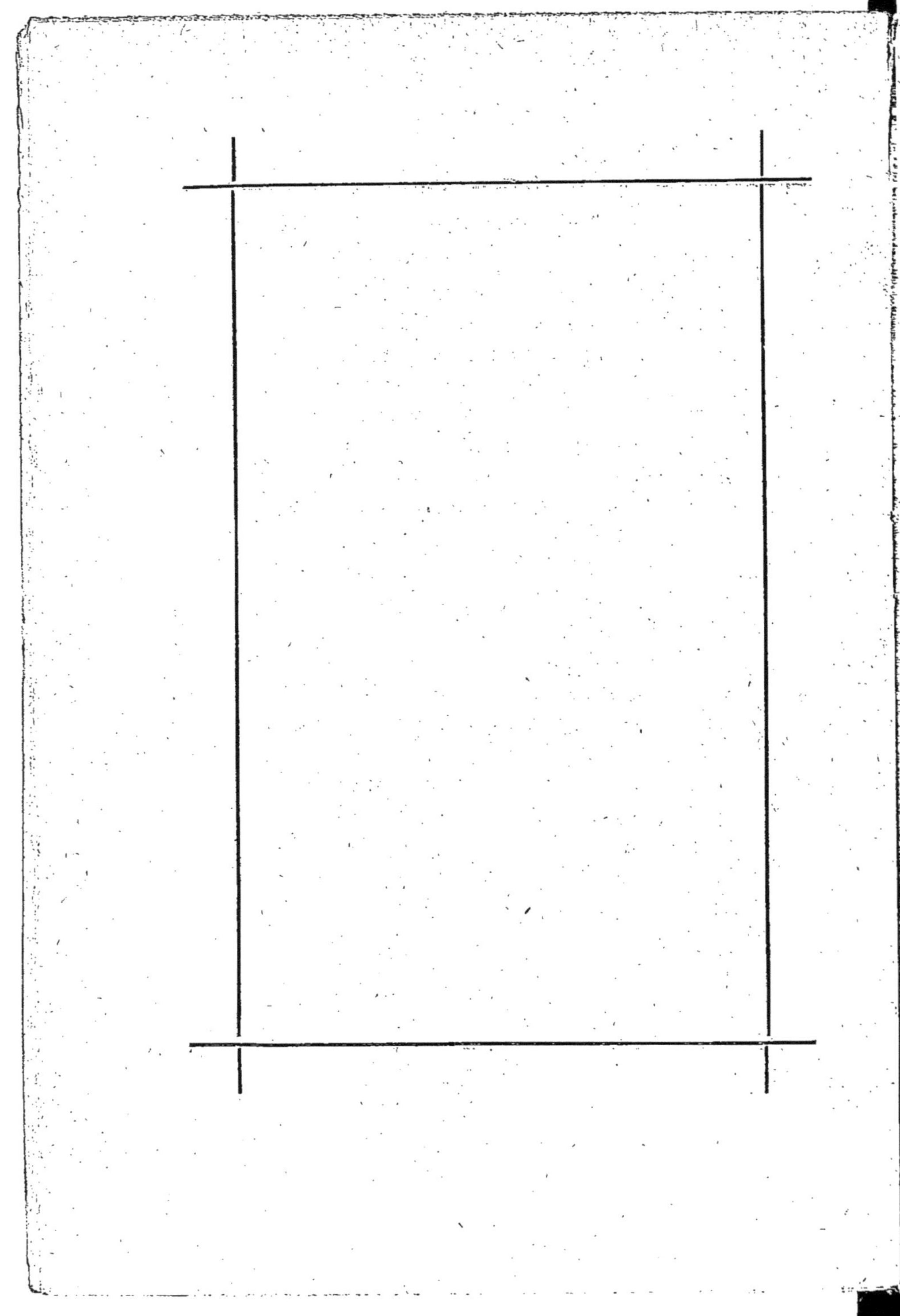

CHAPITRE V.

RUPTURE DE LA NEUTRALITÉ. — NOUVEAU RÔLE DE
JACQUES VAN ARTEVELDE. — TRAITÉS DE GAND.

LE roi d'Angleterre et ses alliés, de retour
à Bruxelles, « ordonnèrent un grand
parlement » et l'on eut soin d'y convoquer
van Artevelde. Le sage Gantois se sentait
obligé de donner à ses projets une autre direction. Le roi de France refusait de rendre aux
flamands Lille, Douai et Orchies, et, dans la
dernière levée de boucliers des *Leliaerts*, il
aurait marché au secours de ces derniers si
les Brugeois ne les avaient forcés à prendre

la fuite. De plus les garnisons françaises des villes les plus voisines de la Flandre faisaient de fréquentes incursions dans le pays et rançonnaient les habitants comme sur une terre ennemie.

Jacques van Artevelde voyait donc ainsi déchirer les traités de neutralité qu'il avait fait conclure. La convention passée avec l'Angleterre portait que, si cette dernière manquait à ses engagements, les communes flamandes aideraient le roi de France. Il semblait qu'un devoir réciproque existât vis-à-vis du roi d'Angleterre, puisque le roi de France troublait la paix. D'autre part, Philippe de Valois n'avait jamais, depuis sa victoire de Cassel, agi loyalement avec les Flamands, tandis qu'Edouard III était aussi favorable au maintien de leurs franchises qu'au développement de leur industrie.

Jacques van Artevelde se rendit promptement à l'invitation d'Edouard et amena en sa compagnie tous les députés des bonnes villes de Flandre. Le monarque anglais pressa vivement van Artevelde et les députés des villes de l'aider en sa besogne et de défier le roi de

France. Il leur promit solennellement de leur faire recouvrer les villes de Lille, Douai, Orchies ainsi que la comté d'Artois autrefois démembré de la Flandre. Il leur promit aussi de les aider à conquérir la ville de Tournai.

Van Artevelde, après avoir longuement délibéré avec ses conseillers, fit cette réponse au roi :

— Cher Sire, autrefois vous nous avez adressé pareille requête; sachez que, si nous pouvions le faire pour votre honneur, en gardant notre foi, nous le ferions. Nous sommes tenus par foi et serment, et par une caution de deux millions de florins qui se trouvent dans les mains du Saint-Père, de ne pas faire la guerre au roi de France. Mais il y a moyen de tourner la difficulté, c'est de vous charger du titre de roi de France et en prendre les armes et devises. Nous vous tiendrons pour roi de France en droit. Nous vous demanderons quittance « de nos fois » et nous la donnerez comme roi de France. « Ainsi serons-nous absous et dispensés et irons partout là où voudrez et ordonnerez. » Il déclara en outre qu'il voulait que les droits du comte de Flandre fussent scrupuleusement réservés et que les réintégrations promises par le roi fussent faites, en faveur des souverains légitimes du pays, à leurs hoirs et successeurs. »

Edouard, malgré ses prétentions à la couronne de France, éprouvait une sorte de honte à prendre le titre et les armes de roi d'un pays dont il n'avait encore rien conquis; mais comme l'alliance flamande était à ce prix, il se détermina. « Il fit mettre au premier quartier de son escu celles de France, qui sont trois fleurs de lys d'or en champ d'azur ; — au second quartier, celles d'Angleterre, c'est-à-dire trois léopards d'or en champ de gueules, qui sont les armes et blason de Normandie et de Guyenne joinctes en un même escu. » (La légende des Flamens).

Pour reconnaître le service que lui rendaient les Flamands, Edouard leur accorda des privilèges extrêmement étendus et contenus dans trois chartes émanées de lui en ces circonstances. Ces pièces lui furent dictées par Jacques van Artevelde, et elles nous donnent

la plus haute idée du génie politique de ce
grand homme. Quel autre que lui, à cette
époque, eût songé à proclamer la liberté du
commerce, l'abolition des tailles, l'unité des
monnaies, l'émancipation de l'industrie !

La première charte porte que le roi d'Angleterre protégera les navires des marchands
flamands ; que leurs draps pourront librement
circuler en Angleterre ; que les conventions
commerciales faites en Flandre sous le scel
des bonnes villes seront obligatoires en Angleterre contre les marchands anglais ; et que
l'étape des laines sera perpétuellement établie
en Flandre ou en Brabant. Edouard III promet de plus de faire part aux communes flamandes de toutes les négociations qui auraient
lieu et de ne conclure aucun traité avec Philippe de Valois, si ce n'est d'un commun accord
et en y comprenant le comte de Flandre, s'il
adhère aux résolutions prises par les bonnes
villes. Il s'engage de plus à secourir et à aider
les communes flamandes dans le cas où leurs
lois et leurs franchises se trouveraient exposées
à quelque péril, et s'il meurt avant que la

guerre soit achevée, son successeur se rendra en Flandre, « avec ses sujets, aidans et amis » pour la poursuivre comme il convient « à ties prinche, » (à un prince puissant comme lui).

Par un second traité, le roi d'Angleterre annonce que les forces navales seront immédiatement réunies, afin que les marchands, de quelque pays qu'ils soient, n'aient rien à craindre. Les deux tiers des hommes d'armes qu'elles porteront seront choisis en Flandre et en Brabant, mais tous les frais de ces armements seront payés par le roi d'Angleterre. — L'étape des laines est fixée pour quinze ans à Bruges. —

Au point de vue politique, le troisième traité est le plus remarquable. Edouard III, comme roi de France, y fait droit à toutes les réclamations que les communes de Flandre ont élevées depuis plus d'un siècle.

Toutes les clauses insérées dans les anciens traités qui frappent la Flandre d'interdit et d'excommunication sont annulées et révoquées; de telle sorte que le comte et les habitants du pays seront désormais « aussi francs comme leurs prédécesseurs de Flandre avant que les dites peines et servitudes furent faites. »

Les villes et les châtellenies de Lille, Douai, Béthune et Orchies seront rendues à la Flandre et ne pourront plus en être séparées, et il en sera de même du comté d'Artois et de la ville de Tournai qui ne formeront plus qu'un même fief avec le comté de Flandre.

Tous les privilèges que les bonnes villes obtinrent de Robert de Béthune, après la bataille de Courtrai, sont confirmés.

Aucune taille ne pourra être levée en Flandre, et l'on ne pourra soumettre à aucune taxe les marchandises que l'on porte de France en Flandre ou en Brabant.

Les habitants de la Flandre ne pourront être distraits de leurs juges, ni assignés devant quelque cour que ce soit au royaume de France.

Une loyale, bonne et commune monnaie d'or et d'argent, de même poids et de même aloi, sera faite en France, en Flandre et en Brabant. Elle aura aussi cours en Angleterre, et on ne pourra ni la changer ni l'affaiblir. *(Archives de Bruges, Ruwenboek. f° 31).*

Ce langage est nouveau dans l'histoire du moyen-âge. Après toutes les divisions féodales, après toutes les rivalités et les haines de ville à ville, un génie supérieur était seul capable de proclamer des idées aussi hardies. Nous le répétons, en obtenant la liberté du commerce, l'abolition des tailles, l'uniformité des monnaies, l'illustre *Ruwaert* flamand voulait, après tant de guerres désastreuses qui avaient décimé et ruiné les peuples, les rapprocher et les réunir par les liens du travail, en fondant sur leur réconciliation une ère de prospérité !

CHAPITRE VI.

ACQUES VAN ARTEVELDE est également l'auteur du traité qui fut conclu le 3 décembre 1339 entre les communes du Brabant et de la Flandre. Ce traité renferme des stipulations extrêmement remarquables; nous le reproduisons d'après le texte original qui est en flamand:

« Cherchant à rendre de plus en plus étroites l'amitié et la concorde qui unissent les deux

pays, considérant que leurs nombreuses populations ne peuvent subsister que par leurs métiers et leur industrie, dont la première condition est le maintien de la liberté et de la paix,
et voulant désormais établir entre les deux
pays une paix et une union perpétuelles, qui
soient pour tous la garantie de leurs biens, de
leurs vies, de leur liberté et de leur industrie,
en rendant désormais impossible toute discorde
et toute effusion de sang, nous avons conclu et
approuvé les conventions suivantes :

« La première, que nous nous soutiendrons
mutuellement contre nos ennemis; la seconde,
que le duc de Brabant et le comte de Flandre
n'entreprendront plus dorénavant aucune guerre
sans l'assentiment des deux pays, et, même dans
ce cas, l'assentiment des deux pays leur sera
nécessaire pour traiter de la paix; la troisième,
que les marchands des deux pays pourront
librement y circuler, vendre et acheter toute
espèce de marchandises; la quatrième, que l'on
frappera une monnaie commune pour les deux
pays, qui ne pourra jamais être modifiée. La
Flandre fera vérifier la monnaie frappée en

Brabant et le Brabant réciproquement celle qui aura été frappée en Flandre; la cinquième, que, si quelqu'un a des motifs de se plaindre d'un fait injuste, il s'adressera aux magistrats de la ville à laquelle appartient le coupable, et ils seront tenus de lui faire droit dans le délai de huit jours; que s'ils ne le faisaient point, il s'adressera à un conseil formé de dix personnes, dont quatre désignées par le comte de Flandre et le duc de Brabant, et les six autres par les six bonnes villes de Brabant et de Flandre. Ce conseil s'assemblera dans le pays du plaignant, dans la ville la plus voisine de celle à laquelle appartient l'inculpé, et prononcera dans le délai de huit jours. Tous ceux qui le composeront jureront sur les Saints Evangiles de juger impartialement toutes les discussions, et de faire droit à toutes les plaintes qui seront fondées. Ils seront même tenus de prononcer leur sentence sans pouvoir quitter la ville dans laquelle ils se seront assemblés, à moins qu'ils n'en sortent après le lever du soleil pour y rentrer avant la fin du jour, et si l'un d'eux meurt, il sera remplacé dans le délai de trois jours par le prince ou la ville qui l'avait choisi. »

« Nous promettons aussi qu'à l'avenir on suspendra toute guerre, toute vengeance et tout défi, afin que le commerce n'en souffre point. S'il arrivait que l'un des princes ou l'une des bonnes villes violât les conventions contenues dans le présent traité, il n'en conservera pas moins toute sa force, mais toutes les autres parties qui y ont adhéré se réuniront pour le faire respecter sans délai et par tous les moyens qui seront en leur pouvoir. »

« Comme il est de l'intérêt des deux pays de ne point cesser de s'occuper attentivement de tous les événements qui pourraient se présenter à l'avenir, nous avons résolu que désormais les deux princes et les députés des six bonnes villes de Flandre et de Brabant se réuniront en parlement trois fois par année, la première fois à Gand, la seconde à Bruxelles et la troisième à Alost. On s'occupera dans ces assemblées de toutes les questions qui se rapportent au présent traité, et qui peuvent développer les richesses et l'industrie des deux pays. — Dorénavant les princes des deux pays jureront à leur avènement d'observer ce traité, et le même serment sera prêté par les échevins, baillis et autres officiers des bonnes villes, lorsqu'ils entreront en charge, ainsi que par tous les nobles quand ils relèveront leurs fiefs. »

Le texte original de ce traité d'alliance et de neutralité, muni de quatre-vingt-neuf sceaux, est aux archives de Lille.

Les communes du Hainaut, d'accord avec le comte, dont les hommes d'armes français ne respectaient plus les frontières, ne tardèrent point à adhérer à cette confédération.

Et quels étaient ceux qui soutenaient van Artevelde dans ces nobles entreprises? Étaient-ce, comme le dit Froissart, des gens bannis, de peu, de mauvaise vie? Leurs noms se trouvent dans le traité d'alliance des communes de Flandre et de Brabant. Parmi eux nous distinguons Sohier de Courtrai, beau-frère de van Artevelde, Simon de Mirabel, Roger de Vaernewyck, Jean d'Herzeele, Hugues de Steelant, Jean de Bailleul; tous ces grands citoyens avaient juré sur les Saints Évangiles d'observer le traité.

Jacques van Artevelde était un grand économiste doublé d'un profond politique. Il ne voyait dans le roi d'Angleterre Edouard III que le protecteur d'une confédération européenne des communes. Appelé à traiter avec l'un des princes les plus puissants du monde, il ne s'était pas contenté des engagements formels des ambassadeurs, et avait réclamé l'adhésion des communes anglaises, comme il avait obtenu celle des communes du Brabant et du Hainaut. Lorsque le roi d'Angleterre quitta la Flandre pour aller réunir ses hommes d'armes dans ses états, Guillaume de Steelant, Nicolas de Schotelaere et d'autres députés des communes flamandes s'embarquèrent avec lui. Un parlement fut convoqué à Westminster, le mercredi après la Mi-Carême (22 mars 1340), et ce fut là que le roi Edouard, après mûres délibérations avec les personnages les plus distingués et les plus sages de son royaume, prêta solennellement serment sur les Saints Evangiles, d'observer les traités qu'il avait approuvés à Gand, et ce serment fut répété par les conseillers de la couronne, par les chefs des cinq bonnes villes d'Angleterre : Londres, Warwick, Lincoln, Bristol et Norwich ; par les baillis des cinq ports : Sandwich, Douvres, Winchelsea, Hasting et Rye, et par le commun conseil, octroy et accord de tout le parlement. » La commune de Londres avait seule fait entendre quelques plaintes au sujet des privilèges accordés aux communes flamandes : Edouard avait calmé son opposition en déclarant au maire et aux Aldermen, réunis à Westminster, qu'il renoncerait à sa couronne et à sa famille plutôt que de manquer à ses engagements.

CHAPITRE VII.

LUTTES CONTRE LA FRANCE. — BATAILLE DE L'ÉCLUSE.
— SIÈGE DE TOURNAI. — MÉRVEILLEUX RÉSULTATS
OBTENUS PAR VAN ARTEVELDE EN FAVEUR DES
FLAMANDS.

EDOUARD III avait promis de retourner en Flandre avant les fêtes de la Saint-Jean, et avait laissé dans ce pays les comtes de Derby et de Salisbury que devaient rejoindre les comtes de Northampton et de Suffolk. La reine d'Angleterre, Philippine de Hainaut, était aussi restée à Gand, à l'Abbaye de Saint-Pierre, où elle « était souvent visitée et confortée de van Artevelde, des seigneurs, des dames et des

demoiselles de Gand. » Ce fut là qu'au milieu
des témoignages du respect et de l'affection
des bourgeois naquit Jean, depuis duc de Lancastre. Peu de temps après, Catherine de
Courtrai rendit Jacques van Artevelde père
d'un fils, que la reine d'Angleterre tint sur les
fonts du baptême et auquel elle donna, en souvenir d'elle, le nom de Philippe.

Cependant Philippe de Valois essaya encore
par tous les moyens de ramener les Flamands
à l'obéissance. Il s'adressa au pape qui lança
contre eux une sentence d'excommunication si
terrible qu'il n'était nul prêtre qui osât célébrer
le service divin. Cette mesure frappa vivement
les Flamands qui s'en plaignirent au roi d'Angleterre. Edouard les rassura en leur faisant
dire qu'il allait envoyer immédiatement un
ambassadeur au Saint-Père, alors résidant à
Avignon.

Dans cet intervalle, les hostilités avaient
continué entre le comte de Hainaut et les garnisons françaises de l'Artois et de la Flandre
wallonne. Les Hennuyers dévastaient le Cam-
brésis; les Français portaient leurs ravages

dans le Hainaut; une de leurs chevauchées pénétra même en Flandre et s'empara de Courtrai. A cette nouvelle van Artevelde manda à toutes les milices des villes flamandes de se tenir prêtes à marcher et leur assigna un jour pour le venir rejoindre. Il pria les comtes de Salisbury et de Suffolk de lui amener leurs gens de guerre. Ces seigneurs se mirent en marche et rejoignirent van Artevelde entre Audenarde et Tournai. En passant par Ypres, les bourgeois de cette ville les supplièrent de marcher vers Armentières, afin de punir la garnison française de cette place, qui leur avait fait beaucoup de mal. Les chefs anglais se rendirent à cette prière et prirent leur chemin vers Lille : ils tombèrent dans une embuscade, furent faits prisonniers et envoyés au roi de France.

Van Artevelde conçut un grand chagrin de cet échec; il renonça à son projet contre Tournai, licencia ses troupes et retourna à Gand.

Edouard III mit à la voile, le 22 Juin, avec une grande et belle flotte ; il ne fut pas peu étonné, en arrivant dans les eaux de l'Ecluse, d'apercevoir, échelonnés, près des côtes, cent quarante gros bâtiments français et une multitude de petits voiliers. Les forces étaient commandées par l'amiral Hugues Quiéret, le trésorier de Philippe de Valois, Nicolas Bahuchet, et le Génois Barbavera. Celui-ci, vieux marin, conseilla à l'amiral et à Bahuchet de ne pas attendre l'ennemi dans le mouillage où ils étaient resserrés. Sur leur refus, « vous ferez ce qu'il vous plaira, dit le Génois; mais moi qui ne veux pas me perdre, je sors de ce trou avec mes galères; » et il gagna la pleine mer.

Sur la flotte anglaise, toutes les dispositions pour le combat et l'abordage se firent avec la plus grande promptitude. En un instant, la flotte du roi de France, serrée dans le havre de l'Ecluse, fut investie de toutes parts. Ce fut plutôt un massacre qu'un combat. Les navires français ne pouvant se mouvoir ni se prêter secours, s'embarrassant les uns les autres, se virent presque aussitôt envahis par les gens d'armes ennemis. Du côté de la terre, les Flamands étaient accourus de Bruges et des environs pour empêcher toute évasion. Le sang coula sans interruption depuis six heures du matin jusqu'après-midi; plus de trente mille hommes furent tués. Hugues Quiéret fut égorgé de sang-froid après avoir été fait prisonnier, et maître Bahuchet fut pendu au mât de son vaisseau. « Ce fut, dit Cantu dans son *Histoire universelle*, le combat le plus terrible que l'on eût vu sur mer depuis plusieurs siècles. »

Edouard avait été blessé dans le combat. Dès le lendemain, la reine sa femme arrivait de Gand avec Thomas de Vaernewyck et Jean Uutenhove pour le féliciter.

La nouvelle de la victoire de l'Ecluse fut bien vite aussi portée à Valenciennes, où se trouvaient le duc de Brabant et le comte de Hainaut. Jacques van Artevelde qui y était avec eux, harangua le peuple sur la place du marché. Il montra « quelle puissance les trois pays avoient, c'est à savoir Flandre, Hainaut et Brabant quand ils étoient d'un accord et d'une alliance ensemble; et fit adonc par ses paroles et son grand sens que toutes manières de gens qui l'ouïrent dirent qu'il avoit grandement bien parlé et par grande expérience; et

en fut de tous moult loué et prisé, et dirent
qu'il estoit bien digne de gouverner la comté
de Flandre. Après ces choses faites et devisées,
les seigneurs se partirent là l'un de l'autre, et
prirent un bref jour d'être ensemble à Gand. »
(FROISSART).

Le 30 juin, Edouard III alla faire un pèlerinage à Notre-Dame d'Ardembourg, et Jacques
van Artevelde vint l'y rejoindre. Ils se rendirent
ensemble à Gand où une réception magnifique
fut faite au roi victorieux. On s'occupa immédiatement des préparatifs de guerre contre la
France, et un parlement fut assigné à Vilvorde,
où devaient se réunir tous les princes alliés et
les députés des villes flamandes. Chacun s'y
rendit exactement, et il fut décidé que l'on
commencerait les opérations de la campagne
par le siège de Tournai, dont la possession
avait été formellement promise aux Flamands
par le roi d'Angleterre.

Philippe de Valois eut bientôt connaissance
des projets d'Edouard et se mit en mesure de
les déjouer. Tournai avait été le berceau de la
monarchie française et n'avait jamais menti à

son origine. Ce berceau de la monarchie en avait été plus d'une fois le boulevard. Le Tournaisis comprenait la ville d'Antoing, soixante-dix villages et plusieurs hameaux. Il formait un petit état indépendant. La ville de Tournai s'était toujours montrée pleine de sympathie pour la France et, de leur côté, les monarques français l'aimaient et la protégeaient comme leur fille d'adoption. Philippe y envoya la fleur de sa chevalerie; celle-ci avait juré, à la prière du roi, de garder Tournai de tout dommage et de la défendre jusqu'à la mort. « Car Philippe ne vouloit mie, dit Froissart, perdre une telle cité que Tournay estoit. »

Edouard établit son quartier général à Chin-lez-Tournai et fit défier le roi de France. Il proposait à Philippe, pour éviter l'effusion du sang humain, de vider la querelle par un combat singulier entre eux deux seulement, ou entre cent chevaliers, ou enfin par une bataille des deux armées dans le délai de dix jours.

Philippe de Valois lui répondit en substance qu'un suzerain n'accepte point le défi de son vassal, et qu'il espérait le jeter bientôt hors de

son royaume. « Et pour ce que vous pensez avoir
les Flamands en aide, ajoutait le roi, nous
croyons être certains que les bonnes gens et
communes du pays se comporteront de telle
manière envers notre cousin, le comte de
Flandre, leur seigneur, qu'ils garderont leur
honneur et leur loyauté. S'ils ont fait autrement jusqu'à cette heure, ça été par mauvais
conseil de gens qui ne regardoient pas au profit commun, mais à leur profit personnel seulement. »

La ville de Tournai fut investie, le 30 juillet,
par toutes les troupes alliées à la fois. Jacques
van Artevelde campa ses quarante mille Flamands près de la porte des Sept-Fontaines. Il
n'y avait pas moins de cent vingt mille hommes
autour des murailles de Tournai ; jamais on
n'avait vu de ville assiégée par une aussi puissante armée. Les Flamands, en conséquence
de la promesse d'Edouard III, considéraient
le siège comme entrepris pour eux. Mais leur
espoir de s'en emparer fut déçu. Pendant onze
semaines, Tournai résista à tous les assauts.

Pendant ce temps, Robert d'Artois, comme

il avait été décidé à Vilvorde, accompagné du jeune Henri de Flandre, petit-fils de l'illustre Philippe de Thiette, avait conduit les milices d'Ypres, de Poperinghe, de Cassel et de Bruges dans le comté d'Artois et avait tenté de s'emparer de Saint-Omer. Une terreur panique s'empara des Flamands au milieu de la nuit; tous s'enfuirent et les deux chefs s'en vinrent au siège de Tournai, et racontant ce qui était arrivé « dirent qu'ils avoient été enfantosmés. » (FROISSART).

Le siège de Tournai n'avançait guère : cependant la famine commençait à s'y faire sentir et déjà l'on avait mis hors de la ville dix mille bouches inutiles que les assiégeants eurent l'humanité de laisser passer. Philippe de Valois désirait sauver Tournai mais il ne voulait pas risquer la bataille contre l'armée des confédérés. Il parvint à faire négocier une trève de six mois pendant laquelle il fut convenu qu'on enverrait des députés à Arras pour traiter de la paix. Les négociateurs semblaient d'abord vouloir stipuler sans les Flamands. « Alors van Artevelde vint devant le roi d'An-

gleterre et les barons de l'Host, cy leur dit :
Seigneurs , prenez garde. quelle paix vous
faites ; car si nous n'y sommes compris et tous
nos articles pardonnés, nous ne partirons pas
d'ici et jamais ne vous quitterons du serment
que vous avez fait à nous, » (*Les grandes chroniques de France,* t. V, p. 403).

Non-seulement van Artevelde fit admettre
la Flandre dans la trève, mais il exigea et
obtint la levée de l'interdit qui pesait sur elle,
— une amnistie générale et sans exceptions,
— l'abolition de toutes les dettes et obligations
qui incombaient aux Flamands par suite des
précédents traités, et qui représenteraient aujourd'hui une somme de plus de trente millions.
Van Artevelde s'en fit remettre les titres origi-
naux et les brûla publiquement sur le marché
de Gand, aux applaudissements et aux cris de
joie de la foule.

Les conférences fixées à Arras pour négocier
la paix entre les rois de France et d'Angleterre
n'amenèrent aucun résultat. Seulement la trève
fut prolongée de deux ans. Le siège de Tournai
avait été levé et les deux armées congédiées.

Jacques van Artevelde avait obtenu par son génie politique, par sa fermeté et son adresse ce que n'avaient pu faire les quarante années de luttes héroïques que la Flandre venait de traverser. Il avait réparé presque sans effusion de sang, et par la seule force de son admirable raison, tout le mal qu'avaient causé au pays la politique astucieuse des rois de France et l'incapacité de ses comtes. Investi par la confiance de ses concitoyens d'un pouvoir dictatorial, il en avait accepté les charges non point par ambition, mais par patriotisme et parce qu'il se sentait à la hauteur d'une pareille mission. Il avait trouvé la Flandre dans la position la plus déplorable où elle se fût jamais trouvée depuis l'issue funeste de la bataille de Bouvines, et deux ans lui avaient suffi pour la replacer au plus haut degré de prospérité et de gloire qu'elle atteignit jamais. « Il y parvint, dit un de ses historiens, M. Ernest Buschmans, par la sagesse de son administration, par la grandeur de ses vues, par la fermeté de son patriotisme. » C'était quelque chose de grand, dans cette époque de progrès sous tant de rap-

ports, que de voir la Flandre en donner l'exemple
à toute l'Europe, et surpasser autant les autres
états par ses richesses et ses libres institutions,
que le chef qu'elle s'était choisi surpassait les
princes ses voisins en lumières et en génie.

Après la levée du siège de Tournai, le roi
Edouard était revenu à Gand où se trouvait la
reine son épouse. Louis de Nevers y vint de
son côté, et les deux princes se firent de grandes
politesses et se donnèrent de grandes fêtes. Ils
eurent plusieurs entrevues auxquelles van Artevelde assista, et dans lesquelles le monarque
anglais et le *Ruwaert* flamand essayèrent vaine-
ment de détacher le comte du parti de la France.
Après le départ du roi et de la reine d'Angleterre, Louis demeura à Gand où son titre de
comte et les liens qui l'attachaient à la race
antique des seigneurs du pays le faisaient encore respecter; mais toute l'affection du peuple
était pour van Artevelde, et le *Ruwaert* conservait l'entier gouvernement du comté sous les
yeux du comte. Louis ne pouvait demeurer
en Flandre dans une aussi fausse position ;
il s'en alla derechef vivre à la cour du roi

Philippe, et l'on disait, avec justice qu'il était plus Français que Flamand. Van Artevelde demeura de nouveau seul souverain de la Flandre.

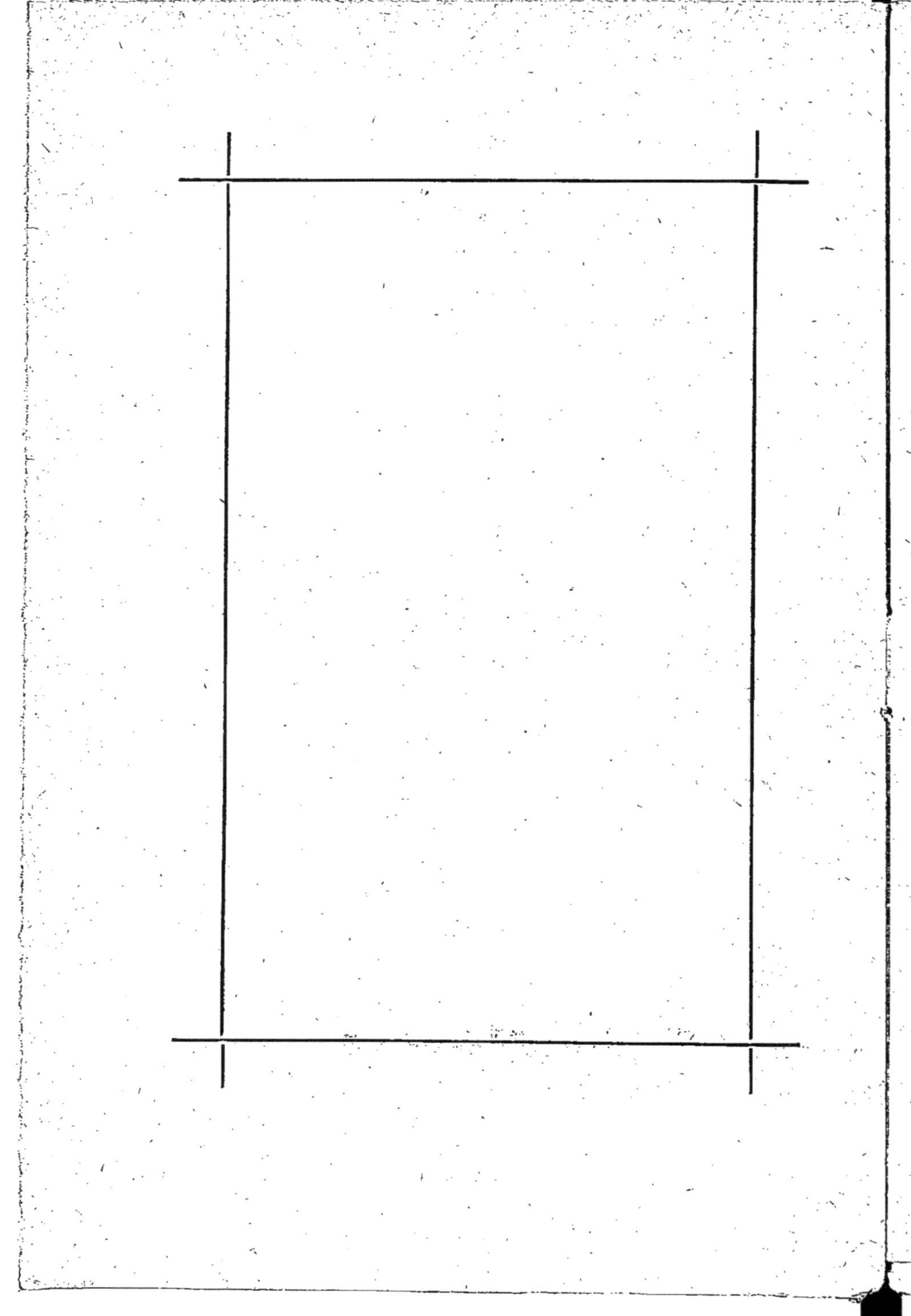

CHAPITRE VIII.

INTRIGUES DU COMTE DE FLANDRE. — RIVALITÉS DES
GRANDES ET DES PETITES COMMUNES. — ACCUSA-
TION PORTÉE A GAND CONTRE VAN ARTEVELDE. —
DIVISION DE LA FLANDRE EN TROIS CIRCONSCRIPTIONS
ADMINISTRATIVES.

A LA FIN de 1342, la Flandre suivait l'impulsion que lui avait donnée la politique sage et libérale de Jacques van Artevelde, et voyait se développer tous les éléments de force et de grandeur. On recreusait le canal de la Lieye pour rendre plus faciles les communications de Gand avec la mer, et en même temps, afin que l'abondance ne cessât point de régner, un règlement obligea tous les marchands dont les navires arrivaient en Flandre avec du sel, des vins ou d'autres produits étrangers, à prendre l'engagement d'y apporter aussi des blés. Les halles d'Ypres s'élevaient au centre de la fabrication des draps, et Edouard III envoyait des chênes de ses forêts d'Irlande pour contribuer à la construction de ces magnifiques galeries, qui méritaient aussi bien que celles de Malines d'être appelées le palais de la laine. Les lettres même renaissaient. L'abbé de St-Bertin, Jean Delanghe, d'Ypres, plus connu sous le nom d'Yperius, complétait les annales si riches en documents historiques de son monastère ; et Jean d'Harlebeke, l'ami de Gilles-li-Muisis, se faisait un nom glorieux parmi les savants de son temps.

Jacques van Artevelde allait bientôt éprouver l'inconstance de cette faveur que les anciens ont si bien appelée le souffle populaire, et les effets terribles de ces divisions intestines si fréquentes dans notre histoire. Un nuage, d'abord léger, bientôt menaçant, ne tarda pas à obscurcir la brillante étoile du *Ruwaert* fla-

mand. Le prestige qui l'entourait, dû à son
seul mérite, excitait de nombreuses jalousies.
La toute-puissance que lui donnait son ascendant sur la multitude portait ombrage à l'aris-
tocratie, surtout aux anciens *Leliaerts*, si nombreux à Gand. Les intrigues des partisans du
comte et des émissaires du roi de France
répandaient dans les villes des germes de discorde, et de sourdes calomnies commençaient
à circuler dans l'ombre. La prospérité même
de l'industrie, — car le roi d'Angleterre avait
fait expédier en Flandre des laines à foison, et
jamais la fabrication des draps n'avait été si
florissante, — fut une cause de troubles, en
surexcitant la rivalité des villes manufacturières
et celle des différents corps de métiers. Tant
qu'avait duré le danger, la fureur des partis
avait fait trève et tous, d'un commun accord,
s'étaient rangés sous l'égide du génie de van
Artevelde; mais avec la paix extérieure, les
divisions intestines se réveillèrent. L'orgueil
des grandes communes commençait à se las-
ser d'obéir au maître qu'elles s'étaient donné,
et l'autorité du *Ruwaert* fut bientôt débordée.

Les trois bonnes villes de Gand, Bruges et Ypres, enflées de la prépondérance qu'elles exerçaient sur le pays, voulurent se réserver le monopole de la fabrication des draps ; c'était proclamer la ruine d'un grand nombre de villes et de localités secondaires qui vivaient de cette industrie. Ces villes, surtout Poperinghe, s'y opposèrent vivement. Van Artevelde était contraire au monopole ; le *Ruwaert*, qui jusque-là avait su maintenir le pays en paix, voulait continuer son œuvre ; il réprima vigoureusement la sédition de quelque part qu'elle vînt.

Le comte Louis jugea le moment favorable pour reparaître en Flandre : ses émissaires l'avaient prévenu du revirement de l'opinion qui commençait à s'opérer à l'égard de van Artevelde. Aussitôt les chefs de la haute bourgeoisie gantoise, qui était hostile au tribun, et ceux des deux autres grandes villes vont trouver Louis de Nevers et lui offrent de replacer la Flandre sous son obéissance immédiate, à la condition qu'il ratifiera le privilège exclusif dont ils se prétendent en possession.

Louis fait une promesse vague. La révolte ne tarda pas à éclater dans plusieurs châtellenies, et elle menaçait de devenir fort sérieuse. Van Artevelde se trouva dans une position très critique : continuer à combattre le monopole que s'arrogeaient les trois grandes villes, c'était encourager la révolte et compromettre inutilement, il le savait, son autorité. Combattre l'insurrection, c'était assumer sur lui toute l'iniquité du monopole et se rendre odieux à une grande partie des populations flamandes.

Cependant sa qualité de *Ruwaert* l'obligeait au maintien de l'ordre, et comme tel, il se mit à la tête des milices gantoises pour aller étouffer la sédition. Il le fit avec son énergie et sa fermeté accoutumées. Il se rendit d'abord à Eecloo, puis à Ardembourg où était le foyer de l'insurrection. Il alla droit au logis de Pierre Lammens, un des principaux bourgeois de la ville, et l'apercevant à sa porte, il le tua de sa propre main. Comme on lui demandait la cause de cet acte de violence : « Entrez, dit-il, dans sa maison, et vous trouverez tout prêt l'étendard avec lequel ce factieux voulait exciter en

Flandre la guerre civile. » On fouilla la demeure de Lammens et l'on y trouva en effet
l'étendard révolutionnaire. Cette sévérité, toute
louable qu'elle était, ne laissa pas de lui susciter
beaucoup d'ennemis secrets, qui dès lors cherchèrent à le perdre dans l'esprit du peuple.

Un riche bourgeois de Gand, nommé Jean
Van Steenbeke, osa accuser van Artevelde, à
peine rentré à Gand, de vouloir soumettre
toute la Flandre aux lois de sa dictature militaire. Van Artevelde se défend et se justifie ;
mais Steenbeke appelle ses amis aux armes et
le sang est prêt à couler, quand les bannières
de seize métiers vinrent se ranger autour du
Ruwaert. Au premier bruit de ce qui avait
eu lieu, les bourgeois de Bruges, d'Ypres et
de Courtrai accoururent aussi à Gand pour
soutenir le héros des communes : la paix était
déjà rétablie et les magistrats avaient ordonné
aux deux adversaires d'habiter, l'un le château
du comte, l'autre l'hôtel de Gérard le Diable,
jusqu'à ce qu'une sentence légale eût été pro-
noncée sur leur différend.

Van Artevelde fut publiquement réhabilité ;

Van Steenbeke, cinquante-deux de ses adhérents et plusieurs dames de qualité se virent bannis de la Flandre pour un espace de cinquante ans.

En 1343, van Artevelde, du consentement des bonnes villes, divisa la Flandre en trois grandes circonscriptions administratives. Toute la Flandre inférieure jusqu'à la Lys fut placée sous la dépendance de la commune d'Ypres. Le Franc resta sous celle de Bruges ; les Quatre métiers, le pays de Waes, Termonde, Alost, Audenarde et Courtrai relevèrent de Gand. Van Artevelde prit le gouvernement dans cette dernière ville. Il envoya à Bruges Gilles Van Koudenbroeck et à Ypres Jean Van Holtkerke, en les investissant de la même autorité. La rivalité des villes industrielles paralysa malheureusement l'effet de cette excellente mesure. On vit, dans ces conjonctures, les Yprois se porter en armes contre Poperinghe, et y égorger sans pitié plusieurs habitants riches et industrieux.

A Gand, au mois de mai 1345, de sanglants démêlés s'élevèrent entre les tisserands et les foulons. Ces derniers réclamaient des tisse-

rands une augmentation de salaire de quatre
deniers sur chaque pièce de drap. Les tisserands s'y refusaient. Les deux corps de métiers
descendirent alors en armes sur le marché du
vendredi, les foulons ayant à leur tête Jean
Baka, leur syndic, et les tisserands, leur doyen,
Gérard Denis, ennemi personnel de Jacques
van Artevelde. Une lutte atroce s'engagea.
Les combattants s'égorgeaient avec tant de
fureur qu'ils n'écoutaient même pas la voix
des prêtres, accourus sur les lieux, et qui élevaient le Saint-Sacrement au-dessus du théâtre
du carnage. L'avantage resta aux tisserands.
Sans compter les morts du parti vainqueur,
cinq cents foulons restèrent sur place, et parmi
eux leur chef, Jean Baka avec ses fils.
Ce jour néfaste dans les annales de la cité
gantoise est connu sous le nom de *quaden
maendag* : le mauvais lundi.

CHAPITRE IX.

LA ville de Termonde était en lutte avec Gand et Ypres, à propos de la fabrication des draps. Le comte de Flandre intervint cette fois en faveur des faibles. Il s'était rapproché du duc de Brabant. Ce dernier était mécontent de la fédération des communes de son duché avec celles de Flandre. Louis de Nevers lui faisait espérer le mariage de son fils, Louis de Male, avec une de ses filles.

Grâce à la présence du comte et à celle des gens d'armes brabançons, les habitants de Termonde purent défier impunément leurs ennemis. Louis de Nevers s'étant rendu à Bruxelles, on vit accourir dans cette cité les députés des villes mécontentes qui lui renouvelèrent leur serment et l'engagèrent à reprendre le gouvernement de la Flandre, en lui promettant un concours énergique. La situation devenait inquiétante pour van Artevelde. Son influence diminuait sensiblement; l'affaire de Van Steenbeke et le massacre des foulons avaient été pour lui autant d'échecs. La rigueur qu'il était parfois forcé d'employer dissipait peu à peu le prestige qui l'entourait. Enfin, il ressentait l'inconstance de ce vent populaire qui l'avait élevé à une hauteur telle qu'il n'en pouvait descendre sans danger. Il sentait rôder autour de lui d'implacables inimitiés qui le suivaient d'un œil farouche, comme les loups suivent un voyageur, n'attendant que l'occasion d'une chute pour se jeter sur lui et le déchirer.

C'est alors que — s'il faut en croire Froissart et Villani — le sage homme conçut une pensée hardie mais coupable et qui devint funeste à celui qui l'avait formée. Toutefois les documents officiels n'en font pas mention : ni les lettres adressées par Edouard III aux communes et aux vicomtes d'Angleterre, ni les comptes des bonnes villes de Flandre ne disent mot du projet du *Ruwaert,* projet qui, d'après lui, devait assurer à la fois le bonheur de la Flandre et sa propre sécurité.

Depuis le départ du roi Edouard pour l'Angleterre, van Artevelde n'avait cessé d'entretenir avec lui des relations fort suivies. Le monarque anglais lui témoignait une très haute estime, l'appelait son *cher compère* et *bon ami,* et la reine d'Angleterre, comme nous l'avons vu, avait tenu sur les fonts baptismaux un des fils du *Ruwaert.* Il fut convenu entre Edouard et van Artevelde qu'ils essayeraient de faire substituer à Louis de Nevers, en qualité de comte de Flandre, le jeune prince de Galles, fils d'Edouard ; celui-ci romprait le lien de suzeraineté avec la France, pour placer le comté sous celle de l'Angleterre. Le prince de Galles, comme fils de Philippine de Hainaut, descendait ainsi par les d'Avesnes, de Marguerite de Constantinople et de la race antique des comtes de Flandre, Van Artevelde, quand il se détermina à faire cette proposition aux villes flamandes, avait compté sur cette circonstance pour la faire accepter : il savait les Flamands, quels que fussent leurs griefs personnels contre le comte, fort attachés à leur dynastie nationale.

Sur l'invitation du *Ruwaert*, Edouard III quitta le port de Sandwich le 3 juillet 1345, et, le surlendemain, il entrait dans les eaux de l'Ecluse avec une flotte de cent trente voiles; il amenait avec lui son jeune fils. Van Artevelde, accompagné d'une députation de Gantois, de Brugeois et d'Yprois, vint le trouver. Edouard leur avait ménagé une réception splendide; il fit grand honneur aux bourgeois et les traita comme il eût fait les plus puissants barons. Quand il pensa les avoir suffisamment éblouis et préparés, il leur présenta son fils, leur rappelant qu'il était de sang flamand, et le leur proposa pour souverain. Les députés, fort surpris, devinrent pensifs et réservés. Van Artevelde gardait le silence, attendant leur réponse. Après s'être un instant concertés : « Cher Sire, dirent-ils au roi d'Angleterre, vous nous requérez d'une chose bien grave et qui, au temps à venir, pourrait compromettre le pays de Flandre et nos descendants. Il est vrai qu'aujourd'hui nous ne savons seigneur au monde de qui nous aimerions tant le profit et l'avancement comme nous ferions de vous : mais nous ne pouvons accéder à vos désirs, si toute la communauté de Flandre ne s'y accorde entièrement. Nous allons nous retirer chacun dans notre ville respective et remontrer cette besogne à nos concitoyens. Si la plus saine partie du peuple accueille votre requête, nous nous rangerons du même côté. »

Ni les instances d'Edouard, ni celles de van Artevelde ne purent arracher aux députés flamands que cette réponse évasive.

Van Artevelde chargea les députés Gantois de transmettre à leurs concitoyens les propositions du roi d'Angleterre. Il partit pour Bruges, et ensuite pour Ypres, y assembla le peuple et le harangua : la nouveauté de ses paroles produisit une impression profonde. A Gand, les députés avaient à leur retour convoqué tous les habitants, grands et petits, sur la place du marché. Ils leur avaient exposé les propositions du roi d'Angleterre et les raisons que van Artevelde avait fait valoir en leur faveur. Ces nouvelles agitèrent la multitude de sentiments divers; des murmures s'élevèrent ; l'idée de déshériter leurs légitimes seigneurs, dont l'existence s'était, depuis tant de siècles, identifiée avec celle de la nationalité flamande, semblait au grand nombre une monstruosité. Les ennemis de van Artevelde profitèrent de ces dispositions pour l'accuser de trahison et pour répandre contre lui de nouvelles calomnies.

Voilà le projet que Froissart et Villani attribuent à van Artevelde. Pendant cinq siècles, il a été regardé comme véritable. Il est une invention des *Leliaerts* qui, prêts à tenter un dernier effort contre le sage homme, cherchaient à lui aliéner les sympathies du peuple en ne cessant d'accuser son ambition. Ils redoutaient son influence plus que son autorité et voulaient le désarmer avant de le combattre.

Voici ce qui sortit des conférences célèbres de l'Ecluse :

Les communes déclarèrent que l'absence et l'hostilité de Louis de Nevers rendaient nécessaire l'élection d'un nouveau *Ruwaert*. Dans une assemblée postérieure qui eut lieu à Bruges, le 16 Juillet, elles désignèrent unanimement pour ces fonctions un homme uni par les liens du sang à Jacques van Artevelde, Sohier de Courtrai, héritier d'un nom illustre. Cela fait, les milices des bonnes villes, soutenues par une troupe d'archers anglais, allèrent faire le siège de Termonde.

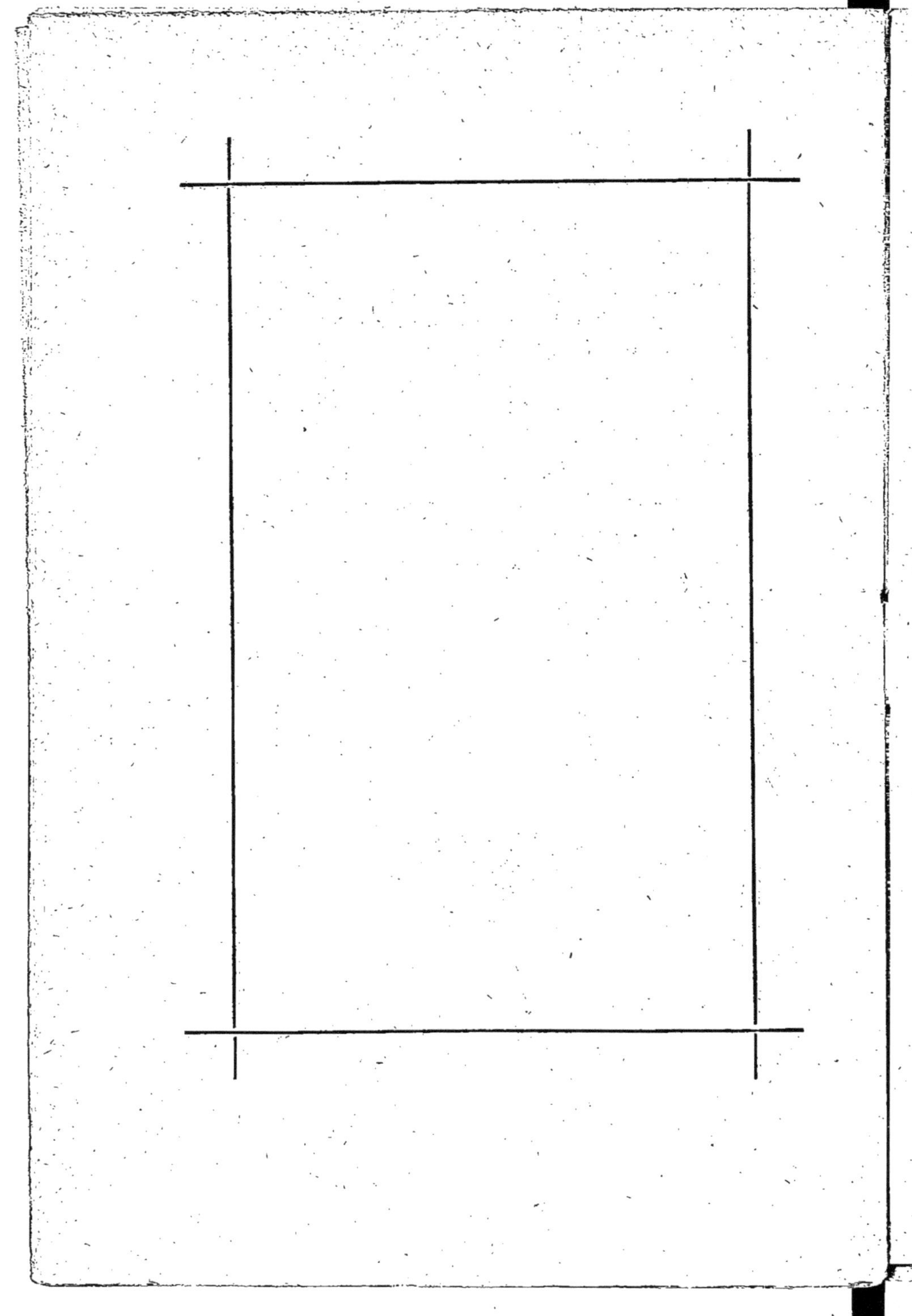

CHAPITRE X.

MORT DE JACQUES VAN ARTEVELDE.

AN Artevelde, à son retour, fit son entrée à Gand à l'heure de midi. C'était le 24 Juillet 1345. Ceux de la ville qui connaissaient sa venue étaient assemblés dans les rues par où il devait passer ; sitôt qu'ils le virent, ils commencèrent à murmurer et à se couvrir. Ceux qui avaient coutume de s'incliner devant lui, se retournaient et rentraient dans leurs maisons. Une calomnie indigne irritait le peuple : on l'accusait d'avoir volé le trésor de Flandre.

« — Au déclin du jour, sur la place de la Calandre, devant la demeure du sage homme, quatre cents gens des métiers commandés par Gérard Denis poussaient d'horribles clameurs, criant qu'ils voulaient la tête de van Artevelde et s'excitant mutuellement au meurtre par les plus affreuses imprécations. Tous étaient armés de dagues, d'épées, de marteaux et de haches.

« Les vingt-huit hommes de la paroisse Saint-Jean étaient rangés, prêts au combat, devant la porte de la maison de van Artevelde. Comme la foule s'acharnait à pousser des cris de vengeance et à frapper le sol avec les marteaux et les épées, cette faible garde la laissait faire, se contentant d'empêcher que personne n'approchât de la porte.

« Près du tilleul, au milieu de la place, se trouvait Gérard Denis, transporté d'une joie féroce, excitant tout le monde à accomplir l'œuvre de vengeance, et calculant comment il fallait commencer l'assaut pour ne pas laisser échapper sa victime. Le chef-doyen des tisserands tenait à la main une courte hache et la

faisait tournoyer de temps en temps au-dessus
de sa tête, comme pour donner le signal de
cris plus féroces.

« Peut-être eût-on forcé sur-le-champ la
maison menacée, si un adversaire de Denis,
un chef teinturier ne l'eût pris à partie en lui
reprochant d'être un *Leliaert*, un misérable
assassin. Le teinturier aurait été mis en pièces
si une formidable clameur ne s'était élevée du
sein de la foule de laquelle sortait ce cri :

« — Le Ruwaert ! Le Ruwaert !

« Une fenêtre du premier étage de la maison
de van Artevelde s'était ouverte. Le sage homme
s'y trouvait. Penché sur le balcon de pierre, il
faisait signe qu'il allait parler. Eclairé comme il
l'était par la lumière des torches, on ne pouvait
distinguer sur sa noble figure la plus légère
émotion. On n'y lisait ni inquiétude, ni crainte ;
sa physionomie n'accusait qu'une tristesse calme
et une pitié profonde.

« D'abord il lui fut impossible d'élever la
voix de façon à se faire entendre : la multitude se précipitait de toutes parts vers sa
demeure en poussant des cris et en levant vers

lui d'un air menaçant les torches et les armes.

« Enfin le tumulte s'apaisa et van Artevelde put parler :

« — Compagnons, dit-il, que voulez-vous? Quelles choses vous irritent si fort contre moi? Dites-moi ce que je puis avoir fait de mal, je le réparerai dans la mesure de mes forces.

» — Rends-nous compte du trésor de Flandre que tu as volé! crièrent mille voix confuses.

» — On vous trompe, compagnons, répondit van Artevelde, je n'ai jamais soustrait un gros du trésor de Flandre. Retournez tranquillement chez vous; revenez, je vous en prie, demain en plein jour; je vous rendrai compte à votre entière satisfaction sur tout ce que vous pouvez désirer. Vous verrez qu'on vous a trompés.

» — Non, non, s'écrie Gérard Denis en menaçant van Artevelde, c'est à l'instant qu'il faut nous rendre compte. Nous savons que tu as ravi le trésor et que, comme un infâme voleur, tu l'as envoyé en Angleterre. Tu ne nous échapperas pas ainsi. Il faut mourir, vendeur de ton pays !

» — A mort ! hurlèrent les partisans du chef-doyen.

» — Descends de là et ne nous parle pas de si haut, tyran ! lui cria un autre groupe.

Van Artevelde donnant à sa voix plus de force et d'expression reprit :

— « O compagnons, vous demandez ma mort ! Ne vous rappelez-vous donc pas que j'ai sacrifié mon repos, ma fortune et ma vie pour la délivrance de la Flandre et pour votre bonheur ? Qu'ici à cette même place où vous voulez verser mon sang, vous avez juré de me seconder et de me défendre jusqu'à la mort ! N'est-ce pas vous qui m'avez supplié les mains jointes de vous rendre la liberté et votre industrie ? Dieu n'a-t-il pas béni ma courageuse entreprise ? Avouez-le, compagnons, moi du moins j'ai tenu ma parole : j'ai sauvé la Flandre de la famine, je l'ai délivrée de l'oppression, je l'ai fait revivre et lui ai rendu sa couronne de prospérité, de gloire et de grandeur…. et maintenant vous voulez me mettre à mort et tremper vos mains dans mon sang innocent ? Triste récompense pour tout

le bien que je me suis efforcé de vous faire !
Vous pouvez prendre ma vie ; je suis seul
contre vous tous ; mais je vous en conjure,
compagnons, avant de vous souiller de ce
crime, songez à qui vous servez d'instrument
sans le savoir ; reconnaissez que les ennemis
de votre liberté vous ont aveuglés pour que
la Flandre déchire elle-même ses propres en-
trailles, et finisse, impuissante et épuisée, par
courber la tête sous le joug le plus honteux.
N'êtes-vous donc plus des fils de la Flandre?
Gand n'a-t-il abrité votre berceau que pour-
que vous reniiez ainsi la liberté, la patrie,
la gloire, et puissiez prendre plaisir à verser
le sang d'un de vos frères? Non, non, vous
m'écouterez encore ; ma bouche saura faire
retentir le cri de détresse de la Flandre jusqu'au fond de vos cœurs ; j'arracherai le voile
qui vous couvre les yeux et vous rappellerai
au sentiment sacré du devoir. Malheur, malheur à vous, compagnons, si vous restez sourds
à ce solennel appel! » (FROISSART, édit. Kervyn de Lettenhove).

Déjà la puissante parole de van Artevelde

commençait à captiver la foule et à dominer l'effervescence de la passion, mais d'autres ennemis étaient accourus!

Un amer dépit assombrissait le visage de Gérard Denis qui remarqua avec rage que sa victime allait lui échapper. Apercevant tout-à-coup une bande de tisserands qui accouraient, il quitta la place suivi d'une cinquantaine d'hommes et vint se placer en embuscade à l'arrière-porte de la demeure de van Artevelde, dans la rue de la Crapaudière. Bientôt les clameurs reprirent sur la place; des pierres furent lancées; van Artevelde referma la fenêtre. Craignant que sa demeure ne fût prise d'assaut, il voulut se rendre, par une issue de derrière, dans l'église voisine.

La porte s'ouvrit et Jacques van Artevelde se trouva en face de son ennemi; il garda la tête haute. Un rugissement féroce s'échappa de la poitrine de Denis... Il s'élança sur van Artevelde la hache levée et lui en porta un coup si violent que le tribun tomba, le crâne ouvert sur le seuil qu'il venait de franchir.

— « Peuple!.... Gand!.... Flandre! telles

furent les dernières paroles qui s'échappèrent des lèvres mourantes du plus grand homme que les communes flamandes aient vu naître !... »

Les assassins ne laissèrent pas à la foule le temps de témoigner son approbation ou son indignation. Ils traînèrent le cadavre dans la rue Longue du Marais, au milieu de la fange, et disparurent bientôt avec ces débris informes, dans l'obscurité de la nuit....

Telle fut la fin du sage homme de Gand ! Telle fut la récompense de sa vie glorieuse et héroïque !

. . . .

Après les admirables travaux de critique des Voisin, des Cornélissen, des Lens et d'autres savants, il n'est plus besoin de réfuter sérieusement les calomnies absurdes qui ont si longtemps terni la mémoire d'un des hommes les plus remarquables que la Belgique ait produits. Aujourd'hui il est bien prouvé que van Artevelde n'avait rien détourné des revenus publics, mais que, par la sagesse de son administration, il en avait considérablement augmenté les sources. Au temps où il était le vrai souverain de la Flandre, sa vie privée continuait à être celle d'un simple bourgeois; il était trop sage pour agir autrement, et il avait coutume de dire : Quand vous me verrez bâtir un château et marier mes filles à des grands seigneurs, vous pourrez cesser d'avoir confiance en moi. Il est bien prouvé aussi qu'il n'eut jamais d'autre garde que celle dont l'entouraient spontanément l'amour et le dévouement du peuple et que lui donnait sa dignité de *Ruwaert*. Quant à la hauteur et à la justesse de ses vues économiques et politiques elles sont telles qu'on ne peut s'y arrêter, sans se sentir pénétré d'une profonde admiration pour son génie!

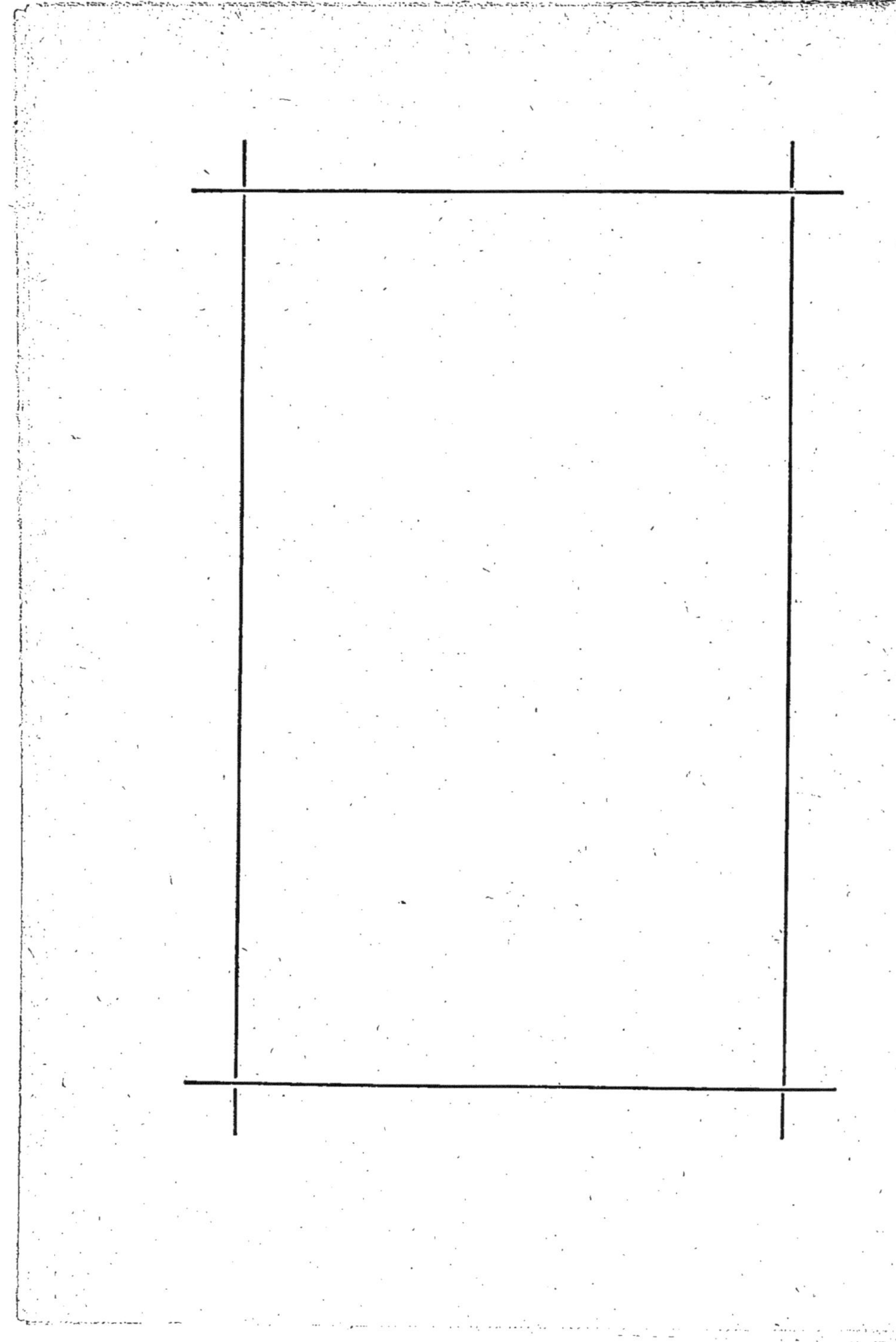

CHAPITRE XI.

RÉSULTATS POUR LA FLANDRE DE LA MORT DE
JACQUES VAN ARTEVELDE.

A mort misérable de Jacques van Artevelde causa partout une profonde stupeur. Le peuple ne tarda pas à le regretter :
sa mort menaçait d'avoir pour la Flandre les
conséquences les plus funestes. Louis de Nevers
se réjouissait à Bruxelles d'une catastrophe qui
le délivrait d'un rival redoutable. Les magistrats Gantois ordonnèrent une enquête; celle-
ci établit que la fin tragique du *Ruwaert* avait
été moins l'effet d'une révolution politique,

qu'un acte de vengeance personnelle de la
part de Gérard Denis et d'autres instiga-
teurs, et, du côté de la foule, un de ces traits
de l'inconstance populaire toujours extrême
dans ses haines comme dans ses sympathies,
et passant si rapidement des unes aux autres.
Une expiation solennelle lava la cité du
reproche de complicité, et en 1375, malgré
trente ans d'émeutes, la sentence des magistrats
continuait à être exécutée, et la lampe expia-
toire brûlait encore dans le cloître de Notre-
Dame de la Biloke.

Le roi Edouard III avait été singulièrement
affecté de ce qui venait de se passer ; il avait
juré de venger sévèrement la mort de son
grand ami et de son cher compère, comme
il appelait van Artevelde. Déjà les bourgeois
épouvantés en voyant Edouard reprendre brus-
quement le chemin de l'Angleterre, pensaient
que c'était la rupture de l'alliance anglaise,
la stagnation du commerce et le retour de
toutes les calamités dont le génie de van Artevelde avait délivré la Flandre. Les députés
des communes traversèrent la mer pour apaiser

le puissant monarque. Ils le trouvèrent au palais de Westminster. « Là, c'est Froissart qui parle, s'excusèrent-ils si bien de la mort de Jacques, et jurèrent solennellement que nulle chose n'en savoient, et si ils l'eussent sçu, défendu et gardé l'eussent à leur pouvoir ; mais estoient de la mort de lui durement courroucés et désolés, et le plaignoient et regrettoient grandement, car ils reconnaissoient bien que il leur avoit été moult propice et nécessaire à tous leurs besoins, et avoir régi et gouverné le pays de Flandre bellement et sagement…. et remontrèrent encore au roi et à son conseil que, si Artevelde étoit mort, pour ce n'estoit-il mie éloigné de la grâce et de l'amour des Flamands ; sauf et excepté qu'il n'avoit que faire de tendre à l'héritage de Flandre, qu'ils le dussent enlever au comte de Flandre, leur droiturier seigneur, combien qu'il fust François ; ni à son fils son droit hoir, pour lui en hériter, ni son fils le prince de Galles, car ceux de Flandre ne l'y consentiroient jamais. »

« Mais, cher Sire, vous avez de beaux enfants, fils et filles. Le prince votre aimé fils ne peut manquer qu'il ne soit encore très grand sire sans l'héritage de Flandre, et vous avez une fille puisnée, et nous avons un jeune damoisel que nous nourrissons et gardons, qui est héritier de Flandre. Il se pourroit bien encore faire un mariage d'eux deux. Ainsi demeurerait toujours la comté de Flandre à l'un de vos enfants. »

« Ces paroles et autres ramollirent grandement le courage et le maltalent du roi d'Angleterre, et se tint finalement assez bien content des Flamands et les Flamands de lui. Ainsi fut oublié petit à petit la mort de Jacques Artevelle.... » (FROISSART).

Edouard, pour prix de son pardon, fit promettre aux Flamands de ne point recevoir leur comte, tant que celui-ci n'aurait pas adhéré à l'alliance anglaise et rompu avec le roi Philippe de Valois.

Cependant le comte de Flandre s'était rendu à Termonde. La mort de van Artevelde et la rivalité commerciale des villes lui semblèrent propices pour ressaisir son autorité. Il envoya deux de ses amis recruter des gens d'armes au pays d'Alost. Ces deux seigneurs furent surpris en route par un parti de Gantois et massacrés. Peu de jours après, les milices gantoises, conduites par le capitaine Guillaume Van Vaernewyck, vinrent faire le siège de Termonde. Avant l'investissement de la place, le comte Louis se replia sur Bruxelles. Les Termontois se défendirent vigoureusement, et donnèrent le temps au duc de Brabant de venir s'interposer comme médiateur entre la ville et les Gantois. Les assiégeants se retirèrent, mais à des conditions fort onéreuses pour ceux de Termonde. Il ne fut plus permis de fabriquer dans cette ville que du drap de cinq quarts de large et ayant un envers. Les assiégés s'obligèrent de plus à ouvrir dans leurs murailles, trois brèches de quarante pieds chacune et toutes du côté de Gand. Trente-deux otages pris parmi les notables bourgeois de Termonde devaient être livrés : huit à Gand, huit à Bruges, huit à Ypres, et huit au duc de Brabant.

Le comte de Flandre mit tout en œuvre pour faire la paix avec les Gantois, mais le

prix qu'ils attachaient à l'alliance anglaise
l'empêcha de réussir. Comme l'argent lui manquait, il vendit sa part de la ville de Malines
au duc de Brabant, puis il retourna en France,
accompagné de son fils Louis de Male, qui
avait alors près de seize ans.

Le 25 Août 1346, fut livrée la bataille de
Crécy entre les Anglais et les Français. Louis
de Nevers accompagnait le roi de France ; il se
battit avec un noble courage et tomba criblé
de coups. Son fils blessé parvint à s'échapper
et, à la faveur de la nuit, rejoignit Philippe
de Valois à Amiens. Quelques jours après, le
roi l'arma chevalier et le proclama comte de
Flandre, à la place de son père, mort, comme il
avait vécu, victime du dévouement qu'il portait
à la France !

CHAPITRE XII.

RIEN n'était changé en Flandre, ni par la mort de Jacques van Artevelde, ni par celle du comte Louis de Nevers. Les trois communes de Gand, Ypres et Bruges conservaient la souveraineté et étaient demeurées fidèles à l'alliance de l'Angleterre. Les Gantois toujours armés, dans le but peut-être de se faire pardonner par Edouard l'assassinat de van Artevelde, avaient fait une démonstration sur l'Artois, s'étaient emparés d'une vingtaine de villages et assiégeaient Béthune. Quand on apprit la mort du comte Louis, personne n'honora sa mémoire d'un regret ; mais on fonda beaucoup d'espoir sur son successeur, à cause de sa grande jeunesse et des qualités qu'on lui connaissait. Ce prince était donc impatiemment attendu. Malgré leur amour de l'indépendance, malgré les propensions démocratiques des villes, les Flamands restaient attachés à la vieille race de leurs seigneurs. Lorsque Louis de Male vint prendre possession de l'héritage paternel, il fut, reçu partout par de vifs témoignages d'amour et de respect. Il alla de ville en ville se faire reconnaître comme seigneur du pays, et partout il fit acte de souveraineté en confirmant les anciens privilèges.

Malheureusement les divisions du règne précédent devaient renaître des mêmes causes et produire les mêmes effets. La politique du roi de France à l'égard de la Flandre n'avait pas changé et, de son côté, le roi d'Angleterre attachait le plus grand prix à l'amitié des populations flamandes et, dans ce but, continuait de leur fournir les éléments indispensables de leur prospérité industrielle et commerciale.

Le mariage du jeune comte vint d'abord mettre en présence les deux influences. Dès qu'il avait appris l'arrivée de Louis de Male en Flandre, Edouard III, qui assiégeait alors Calais, s'était hâté d'envoyer auprès des bonnes villes le comte de Northampton, le comte d'Arundel et le sire de Cobham, pour négocier l'union de sa fille Isabelle avec le jeune prince. Les communes flamandes inclinaient beaucoup vers cette alliance. Mais Louis de Male avait jadis été fiancé à la belle Marguerite de Brabant qu'il aimait d'une vive affection. Le roi de France désirait que le mariage se conclût entre les fiancés, pour soustraire le comte à la domination anglaise. On eut beau presser Louis en faveur d'Isabelle : il répondit avec franchise qu'il n'épouserait jamais la fille de celui qui avait tué son père. Lorsqu'on vit qu'on ne parvenait pas à le faire changer d'avis, on le surveilla attentivement dans le château des comtes à Gand, où il résidait, et

on l'y tint, comme on disait alors, en prison
courtoise. Ennuyé de cette captivité, Louis
feignit de se rendre aux raisons des Gantois,
et se laissa conduire à Bergues-Saint-Winoc,
où le roi d'Angleterre s'était transporté de
Calais avec la reine et sa fille Isabelle. Edouard
accueillit le jeune comte avec une affection
pleine de prévenance. Lui saisissant la main,
il prit Dieu à témoin que, ni le jour de la
bataille de Crécy, ni le lendemain, il n'avait
vu le comte de Flandre ni entendu parler de
lui ; que par conséquent il était innocent de
sa mort. Les articles du mariage furent ensuite signés et l'on fixa le jour de la célébra-
tion.

En attendant, le comte revint à Gand et,
comme il paraissait complètement résigné et
même satisfait de sa nouvelle alliance, on
commença à le garder avec un peu moins
de soins. On lui permit même d'aller prendre
ses ébats dans la campagne et de se livrer au
plaisir de la chasse à l'oiseau, pour laquelle il
paraissait fort passionné. Un jour il était parti
de grand matin pour la chasse. Au moment

où un héron se leva, il lâcha dessus un faucon
et commença, suivant l'usage, à le poursuivre
au grand galop, avec le cri de chasse : Haie !
Haie ! Mais dès que la légèreté supérieure
d'un excellent cheval l'eut mis à quelque distance de ses gardes, il continua à courir droit
devant lui, jusqu'à ce qu'on le perdît de vue.
Deux de ses gentilshommes l'attendaient avec
des chevaux frais sur les bords de l'Escaut.
Il courut ainsi à franc étrier jusqu'aux portes
de Lille où il se plaça sous la protection du
roi de France.

Pour mettre au plus tôt un obstacle insur-
montable aux projets des Gantois, Louis se
rendit à Bruxelles où il se hâta d'épouser
Marguerite de Brabant.

Le roi d'Angleterre fut vivement offensé de
cette violation des serments les plus solennels ;
les communes flamandes protestèrent noble-
ment contre un parjure dont elles n'étaient pas
complices. Les Gantois mirent sur pied un corps
de six mille hommes ; ceux-ci aidés par quelques bandes anglaises restées dans le pays, se
portèrent sur les frontières de l'Artois qu'ils

ravagèrent avec fureur. D'autres flamands avaient accompagné Edouard au siège de Calais et tenaient cette place étroitement bloquée. Calais se rendit à la fin de septembre 1347, après un siège mémorable qui n'avait pas duré moins de onze mois. Peu de temps après, une trève due aux efforts persévérants des légats du pape fut conclue entre la France et l'Angleterre. Elle devait durer neuf mois et comprenait tous les alliés d'Edouard III, et plusieurs articles regardaient spécialement les Flamands. Toutès les relations commerciales devaient reprendre leurs cours et il était expressément entendu que les bourgeois des communes flamandes, même ceux qui avaient été autrefois proscrits par Louis de Nevers, pourraient librement circuler en France « sans moleste et empeschement du comte de Flandre. »

La plus grande confusion ne cessait de régner au sein de la Flandre. Depuis la mort de Jacques van Artevelde, les grandes villes étaient au pouvoir de la populace et des petits métiers, et leur échevinages étaient forcés de suivre l'impulsion qu'ils en recevaient. Les rivalités

commerciales se traduisaient en scènes de violence. Gand, Bruges, Ypres conservaient leur
suprématie; mais l'orgueilleuse commune de
Gand, jalouse de ses deux rivales, prétendait
les soumettre à sa domination. Les deux autres
villes, inquiètes de ces prétentions, souhai-
taient l'arrivée du comte. Les villes secondaires
et les campagnes, toujours menacées de se voir
sacrifier à l'égoïsme des trois grandes villes
par le monopole de la fabrication des draps fins,
supportaient impatiemment le joug de leurs
métropoles; demeurées fidèles au comte elles
l'engageaient à se rendre en Flandre pour y reprendre l'autorité dont avaient joui ses ancêtres. La noblesse l'appelait, en haine des
libertés communales, et enfin, dans les bonnes
villes, la haute bourgeoisie, lassée de la tyrannie des basses classes du peuple, commençait à
désirer le retour du comte, comme devant ramener l'ordre et remettre entre leurs mains la
direction des affaires. Au sein même de la po-
puleuse cité de Gand, les corporations étaient
divisées, et des luttes sanglantes s'engageaient
souvent entre les tisserands et les foulons pour

des questions de salaire; entre les drapiers et
autres métiers pour des questions politiques.
Les premiers, pour qui l'alliance anglaise était
une condition d'existence, ne voulaient plus reconnaître d'autre souverain que le roi Edouard;
les autres voulaient que, tout en demeurant
amis de l'Angleterre, on reconnût l'autorité
légitime du comte.

Telle était la situation de la Flandre lorsque
Louis de Male y rentra, après son mariage
avec Marguerite de Brabant.

Les villes d'un ordre inférieur et les populations des campagnes l'accueillirent avec faveur.
Restaient les bonnes villes, où ses partisans
étaient en minorité, et où il n'osait s'aventurer
qu'à bon escient. Il commença par négocier
avec Bruges qu'il gagna facilement par la
remise de ses anciens privilèges, et par la
promesse qu'il fit de fixer sa résidence près
de cette ville, au château de Male, berceau
de sa naissance. Ceux d'Ypres semblaient attendre le mot d'ordre des Gantois; mais cette
turbulente commune, ou plutôt les drapiers
qui y dominaient, non-seulement refusaient de

le recevoir, mais ne souffraient même pas qu'il se tînt aux environs de leur ville. Louis s'étant un jour rendu à Alost, les Gantois s'y portèrent en armes. Le comte alla au-devant d'eux et leur demanda s'ils voulaient bien l'écouter :

— « Bonnes gens, leur dit-il alors, vous êtes mes sujets et moi je suis votre seigneur, selon droit et justice, et en toute raison, attendu que la terre de Flandre m'est dévolue par droit d'hérédité et que je ne l'ai point acquise par argent, par violence ou par toute autre manière. Je n'ai jamais forfait à mon serment comme souverain, et je suis prêt à jurer de nouveau la conservation de vos bonnes et antiques franchises, telles qu'elles existaient au temps de mon aïeul le comte Robert et mes autres prédécesseurs. Je veux me conduire par le conseil des gens de mon pays, pardonner et oublier toutes les offenses passées et faire tout ce que doit un bon seigneur pour rétablir la paix et la concorde parmi son peuple. Je ne vous demande qu'une chose, c'est de reconnaître mes droits, et vous pouvez compter que je reconnaîtrai les vôtres. Enfin je vous supplie tous et chacun de réfléchir à mes paroles et de songer au bonheur de notre patrie qui est aussi le mien. » —

A ce discours, il se fit un grand tumulte dans l'armée gantoise. Le comte l'apaisa d'un signe et dit qu'il fallait se retirer à part selon la coutume, délibérer avec ordre, et lui faire ensuite connaître ce qui aurait été résolu. On s'assembla donc en conseil ; mais tous ceux qui étaient là ne savaient pas assez positivement ce qu'ils voulaient, pour qu'il fût possible de s'entendre. Les bouchers, les poissonniers, les bateliers étaient d'avis qu'il fallait conclure un accord et recevoir le comte à Gand, en sa qualité de seigneur légitime ; les tisserands et les foulons s'y opposaient en disant qu'il ne fallait avoir affaire qu'au roi d'Angleterre avec lequel on avait traité. La discussion se changea bientôt en querelle, le sang allait couler, quand le comte intervint et s'adressant à tout le monde :

— « Bonnes gens, dit-il, vous ne voulez pas me recevoir chez vous ? Je ne veux pas que vous vous battiez pour moi ; en vous faisant du mal, vous m'en feriez aussi. » —

Il se retira, et à peine fut-il éloigné que les deux partis en vinrent aux mains; plusieurs hommes furent tués ou blessés dans ce combat.

CHAPITRE XIII.

Louis de Male comprit qu'aussi longtemps qu'il resterait, vis-à-vis du roi d'Angleterre, dans la position équivoque où l'avait placé son mariage, sa situation auprès de ses bonnes villes, attachées à l'alliance anglaise, demeurerait également fausse. Il députa son cousin Henri de Flandre ou de Lodi auprès d'Edouard pour lui proposer une conférence et

lui offrir d'entrer en arrangement. Edouard
s'empressa d'envoyer à Dunkerque le comte de
Lancastre qu'il venait de nommer son lieute-
nant « ès parties de Calais et de Flandre et en
son royaume de France. » Le 25 novembre 1348,
un traité fut conclu où il était dit entre autres :
« que toute inimitié cesserait entre le roi d'Angleterre et le comte de Flandre ; qu'il serait
permis aux Flamands de maintenir leur alliance
avec l'Angleterre ; que ceux de Gand et Ypres
seraient reçus en grâce ; que leurs offenses
seraient pardonnées et leurs privilèges conser-
vés. »

Le comte de Flandre se rendit de sa personne à Dunkerque le 13 décembre, et y jura,
en présence des comtes de Lancastre et de
Suffolk, ainsi que de l'évêque de Norwich,
la fidèle observation du traité. De son côté,
Edouard s'était engagé à fonder — en mémoire de Louis de Nevers — un couvent de
Chartreux de treize religieux, dans l'île de
Cadzand ; à fonder également dans la Flandre
un hôpital dirigé par une prieure et sept religieuses à la disposition et collation du comte.

Ce traité rétablit momentanément le calme dans le pays. Dans les premiers jours de janvier 1349, le comte se rendit à Gand où, sur la foi du traité, il devait s'attendre à être reçu avec sûreté et honneur. A peine eut-il fait son entrée dans la ville, que la corporation des tisserands essaya de former une nouvelle sédition. Leur chef, Jean Vandevelde, à la tête d'environ six cents hommes de ce métier, se rendit sur le marché du vendredi, agitant le drapeau de la révolte, criant aux armes, exhortant à le suivre tous ceux qui voulaient le salut du pays. La saine partie de la population, les magistrats et les principaux citoyens suivis des corporations des foulons, des bouchers et des autres métiers, se rendirent dans le même appareil sur la place, dans le but d'en finir avec les mutins. Les tisserands les attaquèrent : ils furent tous battus et exterminés jusqu'au dernier, avec leur capitaine, Jean Vandevelde, et leur doyen Gérard Denis, l'exécrable assassin de van Artevelde. Ceux qui étaient restés chez eux ou qui avaient fui, ne furent pas épargnés. Arrachés violem-

ment de leurs demeures, ils furent sacrifiés à
la vengeance des foulons et à la jalousie des
petits métiers, qui haïssaient les tisserands
pour leur orgueil. Le massacre ne s'arrêta
pas là; le comte profita de ce mouvement en
sa faveur pour faire arrêter et mettre à mort
les proscrits et les fugitifs des autres villes qui
s'étaient réfugiés à Gand, et tous ceux qui
s'étaient compromis dans les précédentes sédi-
tions. (MEYER, Lib. XIII).

Ypres s'était hâté de faire sa soumission.
Les tisserands qui s'étaient si longtemps opposés au retour du comte furent sévèrement
punis et les plus factieux furent massacrés.

La Flandre ainsi pacifiée, Louis de Male
s'occupa de cicatriser les plaies faites au pays
par ses longues discordes civiles. L'expérience
de son père sembla lui avoir profité; il montra
en tout une intelligence bien supérieure à celle
de Louis de Nevers, plus d'amour pour son
pays, une plus grande connaissance du caractère de son peuple et une meilleure entente de
ses intérêts. Tandis que la guerre continuait
entre la France et l'Angleterre, il maintint

fermement sa neutralité, adhérant ainsi au système politique de van Artevelde, et il en retira pour la Flandre les mêmes avantages qu'en avait retirés le *Ruwaert*. A la mort de Philippe de Valois en 1351, le comte fit une démonstration qui plut beaucoup aux Flamands : il refusa de rendre hommage au roi Jean, succcesseur de Philippe, à moins qu'on ne lui restituât les villes de Lille, Douai, Orchies et Béthune, que les rois de France détenaient injustement depuis tant d'années. Comme la guerre allait être la conséquence de ce refus de serment, les bonnes villes elles-mêmes engagèrent le comte à le prêter ; il le fit, mais sa protestation n'en subsista pas moins.

Au mois d'avril 1352, les tisserands qui, en punition de leurs excès et à l'instigation des foulons, avaient été soumis à une taxe hebdomadaire de douze mittes (la plus petite subdivision d'un florin), réclamèrent l'abolition de cet impôt. La corporation des meuniers se joignit à eux ; ils se rendirent en armes sur la place du marché où se trouvait alors le comte

entouré de ses gentilshommes et de quelques
magistrats. Louis marcha au-devant de cette
foule ameutée pour se faire expliquer l'objet
de ses réclamations. Comme il était vêtu en
simple chevalier, le peuple ne le reconnut
pas ; il s'éleva un grand tumulte au milieu
duquel un meunier le blessa sans le savoir.
Les gentilshommes accoururent et le firent
connaître. Quand le bruit se répandit que le
comte de Flandre venait d'être blessé, les séditieux se mirent à fuir comme ils purent. Beaucoup d'entre eux furent pris et tués par les
gens du comte, d'autres envoyés en exil. L'auteur de cette émeute s'appelait Lambert de Ty-
deghem, doyen de la corporation des meuniers.

La fermeté et la prudence de Louis de Male
maintenaient la paix intérieure. Au milieu de
tant d'intérêts opposés qui divisaient alors le
comté, il tint adroitement la balance pour ne
se laisser dominer par aucun parti. Malheureusement il ne put éviter de se laisser
dominer par ses passions. Ce n'était pas impunément qu'il avait passé une partie de sa
jeunesse à la cour de France ; il en avait rap-

porté les vices et le goût des folles prodigalités qui caractérisaient alors la noblesse française. Meyer, dans ses chroniques, nous présente un triste tableau de ses déportements et de son incontinence ; mais ces mœurs étaient alors celles de presque toute la noblesse.

Louis n'avait eu de sa femme qu'une fille, nommée Marguerite comme sa mère et son aïeule. Il songea de bonne heure à lui procurer un parti puissant. Sa mère, Marguerite de France, veuve du comte Louis de Nevers, lui proposa le jeune Philippe de Rouvre, héritier de la Bourgogne.

Philippe, alors âgé de dix ans, était le dernier descendant de l'antique race des ducs de Bourgogne qui remontait à Hugues Capet. Il était né en 1347, au château de Rouvre, près de Dijon, de Philippe de Bourgogne tué au siège d'Aiguillon, où il combattait dans l'armée du roi de France. Il n'avait encore que deux ans quand il succéda à Eudes IV, son aïeul. Sa mère, Jeanne de Bourgogne, lui avait apporté les comtés de Boulogne et d'Auvergne ; il tenait de Jeanne de France, sa grand'mère, les comtés de Bourgogne et d'Artois. Son duché comprenait une grande partie du royaume. Après la mort de Philippe de Bourgogne, sa veuve, mère du jeune Philippe de Rouvre, s'était remariée à Jean, duc de Normandie, qui devint roi de France en 1351. Du chef des droits de sa femme, le roi Jean eut la régence du duché de Bourgogne et la tutelle du jeune prince. Il avait donc le plus grand intérêt à voir accomplir le mariage de son pupille avec l'héritière de Flandre. Il espérait resserrer par ce moyen le lien si fragile de la suzeraineté des rois de France sur ce puissant comté; et en cas où son pupille viendrait à mourir sans enfants, il en était lui-même le plus proche héritier.

Le 14 mai 1337, le mariage s'accomplit solennellement à Arras. L'époux avait dix ans et l'épousée en avait quatre. « Les magistrats présentèrent à la princesse, à l'abbaye de Saint-Vaast, un hanap d'argent, un trempoir doré et un magnifique drageoir orné de pierreries. Monseigneur le duc de Bourgogne et sa femme, tous les deux enfants, furent portés à l'autel, tant était grande l'affluence de seigneurs, de bourgeois et de gens du commun peuple qui remplissaient l'église. L'évêque de Tournai donna la bénédiction nuptiale.

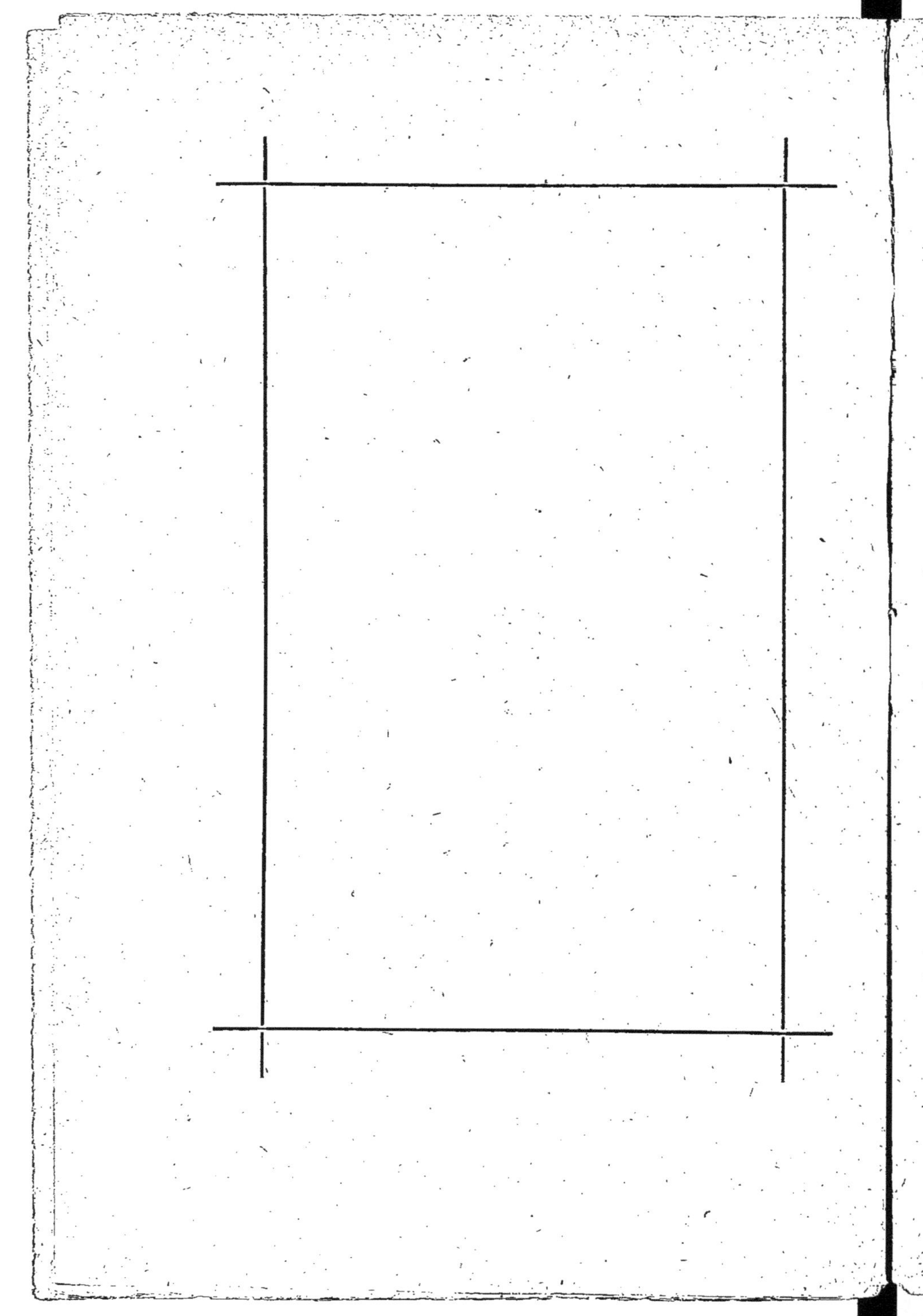

CHAPITRE XIV.

GUERRE ENTRE LA FLANDRE ET LE BRABANT.

ENDANT que se négociait l'union de Philippe de Rouvre et de Marguerite de Bourgogne, la guerre éclatait entre la Flandre et le Brabant.

Jean III, dernier duc de Brabant de la maison de Louvain, était mort en 1353 laissant après lui trois filles : Jeanne, mariée à Wenceslas de Luxembourg; Marguerite, épouse de Louis de Male, et Marie, femme de Renaud III, duc de Gueldre. Jean, après avoir pris l'avis

des sept chefs-villes du Brabant, avait assuré
la succession à sa fille aînée et à son époux
Wenceslas, duc de Luxembourg, petit-fils de
l'empereur Henri VII, et neveu de l'empereur
Charles IV. Il avait par son testament assigné
à ses deux autres filles des pensions qui devaient être payées sur les revenus du duché
de Brabant. Celle de la comtesse de Flandre
montait à dix mille florins annuellement. Wenceslas, par le serment qu'il avait prêté lors de
sa joyeuse entrée, avait promis de satisfaire à
cette juste obligation; mais il tâchait, par des
subterfuges, d'éluder le payement. Le comte,
indigné de la mauvaise foi de son beau-frère,
éleva une réclamation plus importante : il exigea la rentrée immédiate des 85,000 réaux
d'or moyennant lesquels son père avait jadis
cédé la souveraineté de la ville de Malines
et dont une partie seulement avait été ac-
quittée. Les deux princes eurent à Malines
une conférence dans laquelle ils disputèrent
leurs droits en termes peu mesurés et qui
aboutit à une rupture ouverte suivie d'une
déclaration de guerre. Le comte s'était concilié

l'amitié des Malinois par la promesse d'un marché franc pour le poisson, le sel et l'avoine. De retour en Flandre, il fit ses préparatifs avec activité : il mit une forte garnison à Malines, appela autour de lui sa noblesse et mit sur pied toutes les milices flamandes.

Le Brabant fut envahi. Le 17 août 1356, Louis de Male parut avec son armée aux portes de Bruxelles. Les Brabançons marchèrent à sa rencontre et essuyèrent, à Scheut, près d'Anderlecht, une défaite complète qui amena la soumission de Bruxelles, de Louvain et d'autres villes. Dans toutes ces cités, l'étendard de Flandre fut substitué à celui de Brabant, et le comte de Flandre par le droit du vainqueur, prit le titre de duc de Lothier, de Brabant et de Limbourg. Pendant qu'on lui enlevait son duché, Wenceslas se tenait tranquillement à Maestricht, où il s'amusait, s'inquiétant fort peu des affaires du Brabant. Les Flamands remportèrent encore une victoire à Zantvliet, près d'Anvers; mais leur domination sur le Brabant fut aussi éphémère que leur conquête avait été rapide. Le 24 octobre, Bru-

xelles fut délivrée par l'héroïsme d'un brave
chevalier brabançon, Evrard T'Serclaes, et,
deux mois après son entrée dans le Brabant,
Louis de Male n'y possédait plus que la seule
ville de Malines. Le comte appela alors à son
secours l'évêque de Liège, l'éternel ennemi du
Brabant, et le comte de Namur, son vassal. Les
troupes liégeoises dévastèrent la Hesbaye, rui-
nèrent Landen, et portèrent le fer et le feu
dans les villages circonvoisins. En même temps
Guillaume de Namur faisait valoir, les armes
à la main, ses droits sur la possession du château de Poilvache et de ses dépendances. Cette
guerre se prolongea tout l'hiver et se termina
au printemps de l'an 1357, par un traité conclu
sous la médiation du comte de Hainaut, et fort
avantageux pour le comte de Flandre.

On régla les conditions de la réconciliation
du duc de Brabant et de Luxembourg, d'abord
avec l'évêque de Liège et le comte de Namur,
puis, en ce qui concernait le différend entre
Wenceslas et le comte de Flandre, il fut sti-
pulé : 1°) que les prisonniers faits dans le cours
de la guerre seraient rendus sans rançon ;

2°) que les biens confisqués seraient restitués;
3°) que le comte de Flandre retirerait la garnison d'Affligem et y rétablirait les moines;
4°) qu'il déchargerait les Brabançons du serment de fidélité qu'ils lui avaient prêté; que
cependant les bourgeois de Bruxelles, de Louvain, de Nivelles et de Tirlemont fourniraient
tous les ans, tant que le comte vivrait, vingt-
cinq hommes, parmi lesquels il y aurait deux
chevaliers, pris dans l'ordre de la noblesse,
qui feraient le service pendant six semaines
dans les armées du comte, sous leurs bannières
et à leurs frais; que ces hommes seraient tenus,
toutes les fois qu'ils en seraient requis, de marcher contre les ennemis du comte de Flandre,
excepté contre le duc de Brabant; 5°) que le
duc céderait pareillement au comte la ville
d'Anvers avec toutes ses dépendances, comme
fief de Brabant, à titre de dot et de legs, pour
lesquels Marguerite de Brabant n'avait encore
rien reçu, et que, si les revenus provenant de
cette ville n'équivalaient pas à la somme de
dix mille écus d'or, le duc devrait la compléter
des revenus des pays adjacents; 6°) que les

Anversois reconnaîtraient le comte pour leur
seigneur et lui prêteraient le serment de fidélité, sans préjudice aux droits, privilèges et
immunités que les ducs leur avaient successivement accordés; 7°) que cependant le comte
de Flandre ne pourrait prendre, du chef de la
possession d'Anvers, le titre de marquis du
Saint-Empire, qui demeure au duc et à la
duchesse de Brabant...... et finalement que
toutes les forteresses construites par le comte
au territoire d'Assche seront démolies.

Le traité fut signé à Ath le 3 juillet 1357.
Quelque temps après, le comte Louis fit son
entrée à Anvers qu'il traita fort durement.
Il ôta à cette ville le marché franc d'avoine,
de sel et de poisson pour le donner à ceux de
Malines auxquels il l'avait promis au commencement de cette guerre. Comme les Anversois
murmuraient, il fit arrêter deux cent cinquante
des citoyens les plus notables et les fit conduire
dans différentes villes de Flandre, où ils restèrent étroitement enfermés. Il se fit ensuite
remettre par les magistrats tous les papiers,
titres et documents relatifs à cette affaire. La

suppression du marché franc porta à Anvers un préjudice considérable; les habitants commençaient à émigrer. Le comte porta alors un édit par lequel il défendit aux Anversois d'aller s'établir ailleurs sans sa permission expresse; il força toutes les corporations de la ville à accepter cet édit et à le munir de leur sceau, et permit, sous cette condition, aux otages qu'il retenait dans les villes de la Flandre de rentrer dans leurs foyers.

La dure et tyrannique domination des Flamands sur Anvers, dura quarante-sept ans. (DEWEZ, *Hist. Belg.*).

CHAPITRE XV.

Au milieu de ces longues guerres et de ces sanglantes divisions, un fléau terrible vint s'abattre sur les populations épouvantées. La peste noire avait pénétré en Europe, après avoir visité une portion considérable de l'Asie. Des navires l'avaient portée de la Grèce à Pise en 1347; bientôt après, elle avait franchi les Alpes pour s'arrêter à Avignon et à Montpellier. Enfin, reprenant son essor, elle avait envahi rapidement l'Espagne, l'Allemagne, le Brabant, la Flandre, l'Angleterre et avait at-

teint jusqu'à l'Islande, enlevant dans plusieurs
pays les deux tiers des habitants. Un léger
gonflement à l'aine ou sous les aisselles était
le signe fatal d'une mort aussi rapprochée que
certaine.

L'Italie avait été horriblement décimée par
le fléau : Venise perdit cent mille habitants;
Florence n'en perdit pas moins. A Pise, il en
mourut sept sur dix; à Sienne, quatre-vingt
mille en quatre mois; quarante mille à Gênes,
soixante mille à Naples.

En Flandre, la peste éclata d'abord au port
de l'Ecluse; de là elle se répandit dans tout le
pays. A Tournai, les magistrats se hâtèrent
de publier une proclamation, par laquelle ils
conjuraient les bourgeois de mettre un terme
aux désordres qui attiraient le courroux du
ciel. Ils défendirent en même temps aux marchands d'ouvrir leurs boutiques le dimanche,
et réprimèrent sévèrement les blasphèmes
contre Dieu et les saints. Les jeux de hasard
furent défendus, et l'on vit partout les dés se
tailler en grains de chapelets. Aucun repas de
plus de dix convives ne pouvait avoir lieu, et

l'on ne devait porter le deuil pour personne, pas même pour un père ou pour un époux. Les magistrats avaient également décidé qu'on inhumerait immédiatement les restes des pestiférés, et que des fosses creusées à une profondeur de six pieds, seraient toujours prêtes à les recevoir. Bien que l'épidémie se développât habituellement dans les rues les plus étroites, et quoique l'usage du vin fût considéré comme l'un des moyens les plus efficaces pour se préserver de la peste, elle parut se jouer de tous les calculs de la prudence humaine en frappant les riches plus encore que les pauvres, et les hommes robustes plutôt que les enfants et les vieillards. Gilles-Li-Muisis évalue à vingt-cinq mille le nombre de ceux qui périrent dans cette seule cité.

Une terreur profonde avait envahi les populations ; les églises étaient assiégées par les habitants désolés à l'aspect de l'impuissance de tous les moyens humains. Au milieu de cette consternation, on vit se former la secte bizarre des *flagellants*, dont les commencements n'eurent rien de condamnable. Elle avait pris naissance en Hongrie, s'était propagée de là en Allemagne; mais ce fut surtout en Flandre et dans les contrées voisines qu'elle prit une merveilleuse extension. Les membres des associations des flagellants s'appelaient du nom de frères, s'obligeaient à restituer les biens mal acquis, distribuaient d'abondantes aumônes, pratiquaient une rigoureuse continence, et s'engageaient à ne prendre part à aucune guerre que par obéissance à leur seigneur légitime. Ils étaient vêtus de longues robes qui descendaient jusqu'aux pieds et leurs capuces étaient marqués d'une croix rouge. Chaque jour ils devaient se flageller trente-trois fois; ils s'agenouillaient cinq fois avant leur repas, et récitaient de fréquentes prières.

Un manuscrit de la bibliothèque royale de Paris, ancien fonds Colbert nº 8298, nous a conservé plusieurs de leurs chants. Voici deux strophes de l'un d'entre eux :

> *Ave Regina pure et gente,*
> *Très-haulte Ave Maris Stella!*
> *Ave précieuse Jovante;*
> *Lune où Dieu s'esconsa.*

Ave saincte glorieuse tente,
Ave tu plena gratia!
Faites finer, rose excellente,
Le mortuaire qui ores va.

Les flagellants parcouraient les campagnes en troupe, marchant même la nuit et à la clarté de la lune. Leurs chefs portaient le crucifix; les autres suivaient en chantant. Ce fut le 13 août 1349 que les flagellants de Bruges entrèrent à Tournai. Ils s'arrêtèrent sur l'une des places de la ville, et là, saisissant leurs fouets armés d'aiguillons d'acier, ils se livrèrent à leur pénitence accoutumée. Le peuple conçut pour eux une admiration extraordinaire. Les flagellants allèrent prier dans l'église de Notre-Dame, et ils furent suivis par ceux de Gand, de Damme, de l'Ecluse, de Lille et d'une foule d'autres villes.

Tant que la peste exerça ses ravages, les flagellants conservèrent l'austérité de leur vie et les rigueurs de leur pénitence. Mais peu à peu des désordres, des superstitions condamnables s'introduisirent parmi eux. Le pape Clément VII les condamna, et ordonna d'in-

former contre ceux qui refuseraient de se soumettre. En France, ils ne pouvaient pénétrer
sous peine de mort.

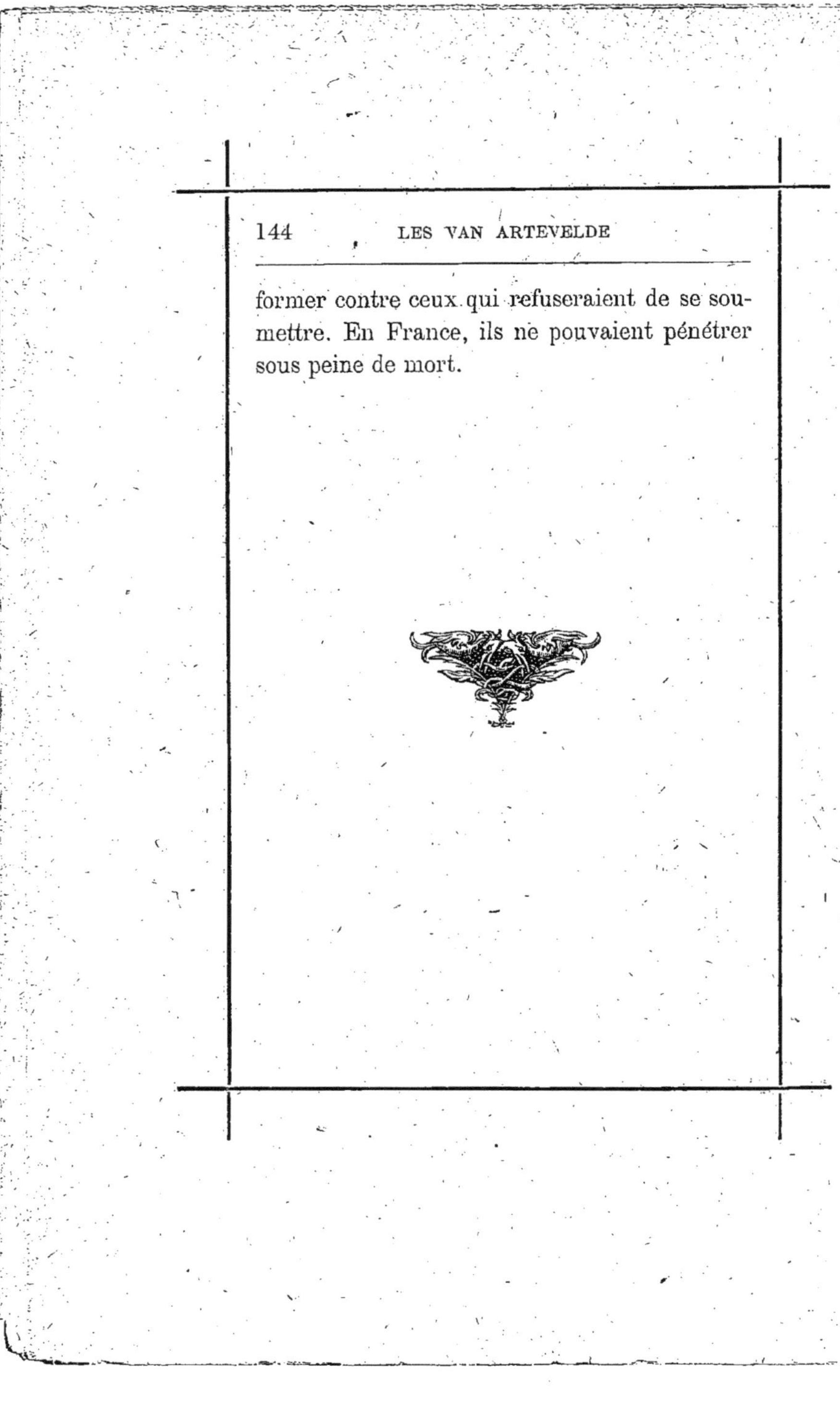

CHAPITRE XVI.

A lutte entre l'Angleterre et la France venait d'avoir pour cette dernière les plus malheureux résultats. La chevalerie française s'était vue une seconde fois anéantie aux champs de Poitiers. Le 19 septembre 1356, le roi Jean rendit son épée à un chevalier flamand, Denis de Morbecke, et la tour de Londres le garda prisonnier. En 1360, fut conclu le désastreux traité de Bretigny, qui

lui rendit la liberté moyennant une forte rançon et la cession de plusieurs provinces. Jean,
en quittant l'Angleterre, y laissa comme otage
le duc d'Anjou, un de ses fils. Celui-ci s'étant
évadé en 1363, le généreux monarque retourna
se constituer prisonnier à Londres, en répon-
dant à ceux qui voulaient l'en dissuader : « Si
la bonne foi était bannie de la terre, elle devrait
trouver un asile dans le cœur des rois. »
Jean mourut peu après son arrivée à Londres
le 8 avril 1364.

En 1361, décéda Philippe de Rouvre,
époux de Marguerite de Flandre, laissant une
veuve âgée de sept ans. Le roi Jean se porta
immédiatement pour son héritier ; il était le
plus proche parent du jeune duc par sa mère,
Jeanne de Bourgogne, femme de Philippe de
Valois, et qui était sœur d'Eudes IV, avant-
dernier duc de Bourgogne. Le roi de France
ne recueillit cependant pas la totalité de cet
héritage : Jeanne de Boulogne, mère du jeune
prince, étant morte la même année, les comtés
de Boulogne et d'Auvergne, passèrent à Jean
de Boulogne, comte de Montfort ; et Marguerite

de Flandre, veuve de Louis de Nevers, eut les comtés d'Artois et de Bourgogne, qui, après la mort de cette princesse, devaient revenir à Louis de Male. Le douaire de la jeune veuve consistait en quatorze mille livres de rente annuelle, dont quatre mille devaient être levées sur le duché de Bourgogne, quatre mille sur le comté d'Artois et quatre mille sur le Boulonais.

La veuve de Philippe de Rouvre, héritière présomptive de cinq comtés, constituait un parti qui excitait la convoitise des plus hautes ambitions. Edouard III avait demandé sa main pour son fils Edmond, duc de Cambridge; les communes flamandes, toujours inclinées pour l'alliance anglaise, pressaient fort le comte de consentir à cette union et Louis de Male avait engagé sa parole au roi d'Angleterre. Mais il se trouva bientôt dans un sérieux embarras : le pape Urbain V, français de cœur et d'origine, refusait d'accorder les dispenses de parenté ; et d'autre part, la cour de France mettait tous les moyens en œuvre pour faire échouer ce mariage. La vieille Marguerite, aïeule de la jeune héritière, employait tout l'ascendant qu'elle exerçait sur l'esprit de son fils pour lui faire embrasser les intérêts de la France. Elle avait d'ailleurs à lui présenter un parti que la Providence semblait avoir réservé pour réparer la mort de Philippe de Rouvre : c'était Philippe, surnommé *le Hardi*, quatrième fils du roi Jean, qu'au retour de sa captivité d'Angleterre, ce monarque avait investi du duché de Bourgogne et de ses droits éventuels sur le comté de ce nom.

Du côté de la France et de l'Angleterre, les instances étaient également pressantes, par la gravité des intérêts en jeu : si le mariage avec le duc de Cambridge s'accomplissait, la Flandre suivrait le sort de la Normandie, elle était perdue à tout jamais pour la France et, dans la guerre qui se continuait entre les deux puissances, elle donnait à l'Angleterre un avantage immense. Si, d'autre part, l'héritage de la Flandre passait entre les mains du duc de Bourgogne, c'en était fait pour l'Angleterre de l'alliance des Flamands, et consécutivement de la neutralité qui avait privé le roi de France de l'appui du plus puissant de ses vassaux. La résistance du pape tint les partis en suspens jusqu'en 1369; enfin le comte voyant qu'il ne mènerait pas à bout l'union projetée avec l'Angleterre, envoya à Edouard des messagers pour lui expliquer l'embarras où il se trouvait et le prier de lui rendre sa parole.

Edouard, qui était le prince le plus courtois et le plus loyal de son époque, la lui rendit de bonne grâce, en dissimulant son dépit. Le comte alors, libre de tout engagement, promit sa fille au duc de Bourgogne, à la condition que le roi de France lui restituerait les villes de Lille, Douai, Orchies, Béthune, Aire et Hesdin, objets de si longues contestations. Le roi Charles V, qui venait de succéder à Jean II, y consentit avec joie, tant était grand son désir de voir la Flandre échapper à l'Angleterre. Ces villes, autrefois démembrées par la politique astucieuse de Philippe le Bel, furent rendues au comte.

Bien que le degré de parenté entre le duc de Bourgogne et la fille du comte de Flandre

fût le même qu'entre elle et le duc de Cambridge, le papé Urbain s'empressa d'envoyer
les dispenses nécessaires, et ce mariage, qui
devait avoir une si grande influence sur les
destinées de la Flandre, s'accomplit avec une
pompe extraordinaire dans l'église de Saint-
Bavon, à Gand, le 19 juin 1369.

Le roi Edouard III avait vu dans cette union
le signal d'une rupture complète entre l'Angleterre et la Flandre. Considérant désormais les
Flamands comme alliés du roi de France, il
commença à les traiter en ennemis. Il donna
ordre de saisir tous leurs navires dans les ports
de l'Angleterre, fit cesser tout envoi de laine et
suspendre toute autre affaire commerciale avec
la Flandre. Les communes effrayées lui envoyèrent des députés pour l'assurer que le
mariage de la fille du comte, mariage qui
s'était fait contre le gré des Flamands, n'avait
rien changé à leurs dispositions à l'égard de
l'Angleterre ; qu'ils considéraient toujours ce
pays comme l'allié naturel de la Flandre, et
que rien ne pourrait les déterminer jamais
à se joindre à leurs ennemis. C'était tout ce

que voulait le roi Edouard : il rendit aux Flamands son amitié, à la condition qu'ils garderaient la plus stricte neutralité dans la guerre entre la France et l'Angleterre.

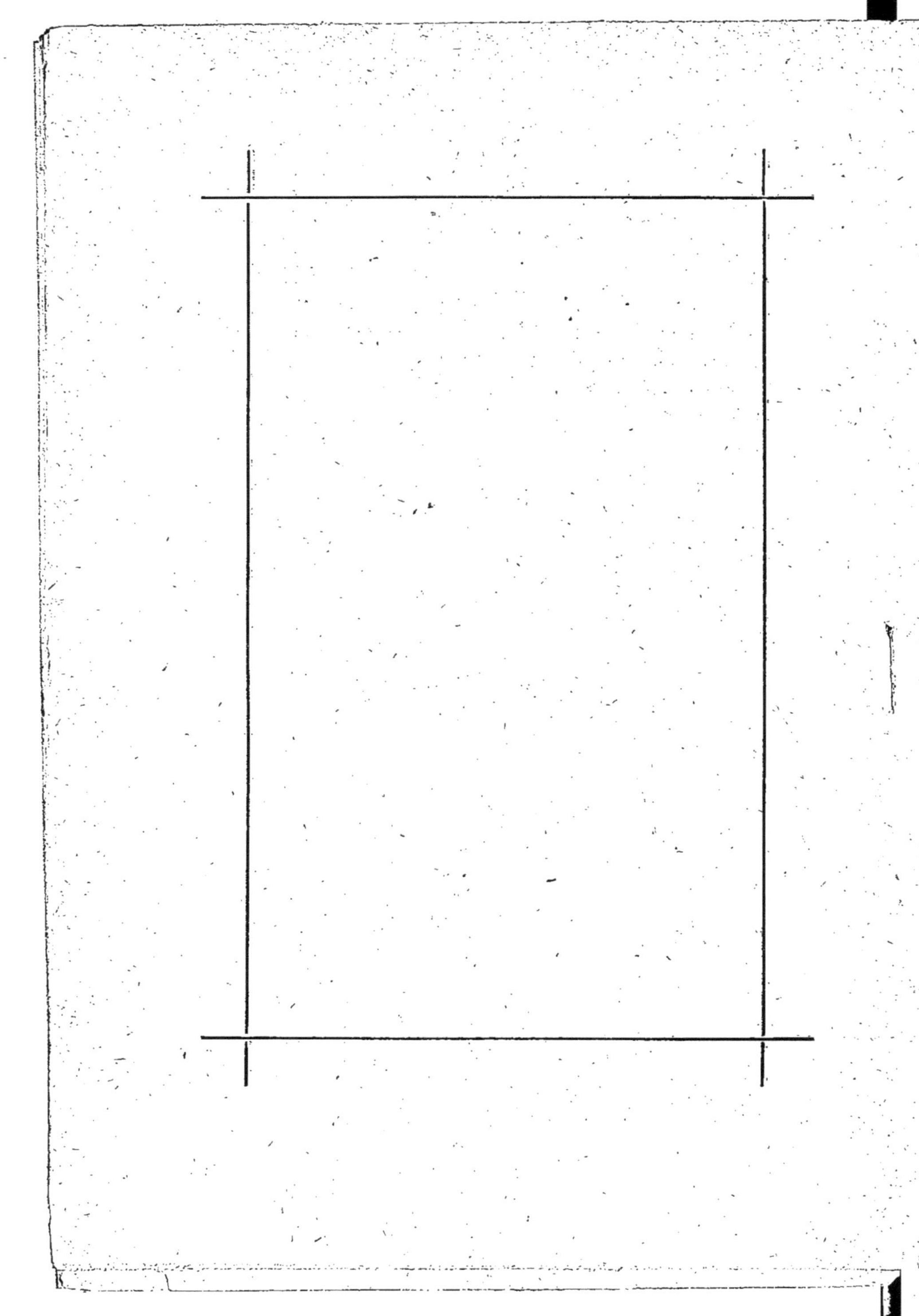

CHAPITRE XVII.

TABLEAU DE LA VILLE DE GAND VERS 1365.
RÉVOLTE DES GANTOIS.

LA commune de Gand était parvenue alors à l'apogée de sa puissance et de sa richesse. Sa vaste enceinte renfermait une population de quatre cent mille habitants; il n'y avait pas dans l'Europe entière de bourgeois plus opulents, de gens de métiers gagnant plus facilement et plus largement la vie. Quelques esprits sages s'inquiétaient même d'une prospérité qu'ils trouvaient poussée à l'excès; car le luxe, disaient-ils, engendre l'orgueil, l'insolence, l'oisiveté et bien d'autres vices. La corruption était effrayante, et il faut le témoignage des chroniqueurs du temps pour y ajouter foi. « La vanité et le luxe des habillements était poussé, dit l'annaliste Meyer, à un degré incroyable, non seulement dans les cités opulentes, mais dans les moindres bourgades, dans les villages et chez les rustiques habitants des campagnes. Les vains serments, les parjures, les blasphèmes, les adultères, les orgies, les haines, les émeutes, les rixes, les meurtres, les rapines, les jeux de hasard, l'avarice, l'oppression des pauvres, les rapts, l'ivrognerie et autres actes semblables régnaient et se multipliaient tellement que personne ne pourrait les raconter. Vous jugerez des excès des Gantois par ce fait que, dans l'espace d'environ dix mois, on fit le relevé de plus de quatorze cents meurtres commis dans cette ville et sur son territoire, dans les bains, les maisons de jeu et les tavernes. Les nobles demeurés bons et honnêtes étaient en petit nombre; les autres, fastueux, vains, orgueilleux, prodigues, rapaces, luxurieux et cruels, s'adonnaient à tous les vices, à l'exemple de leur prince. »

Ce tableau de Meyer est chargé; Monsieur Lenz a démontré à l'évidence l'exagération de ce chiffre de quatorze cents meurtres, reproduit par la plupart des historiens.

Ce n'était pas, comme le pensaient les esprits sensés d'alors, l'excès du bien-être qui avait corrompu le peuple : c'étaient les grands qui, placés au sommet de l'échelle sociale, servaient de modèle à l'imitation des petits. Tout prince souverain prétendait égaler la magnificence des cours royales; tout baron voulait imiter le faste des princes, et les nobles d'un rang inférieur se ruinaient pour atteindre le luxe des hauts barons et s'éclipser les uns les autres. Pour alimenter leurs prodigalités, les nobles n'avaient de ressources que dans les violences, les extorsions et le jeu. L'orgueil impie qui leur persuadait qu'ils étaient d'une nature supérieure à celle des autres hommes leur faisait penser que tout leur était permis : de là leurs vices et la corruption profonde qui les avaient gagnés depuis longtemps, alors que, dans les villes, les bourgeois conservaient encore les

mœurs simples et les vertus des âges naïfs.
Quand l'esprit communal fut poussé à l'excès,
les opulents bourgeois, dont la haine contre les
nobles cachait beaucoup de jalousie, crurent
les égaler en imitant leur orgueil et leur li-
cence, et la corruption descendit dans tous
les rangs de la société, d'autant plus facilement
qu'aucun frein ne leur était opposé. (GENS,
Hist. du comté de Flandre, t. II° p. 169).

Le comte Louis de Flandre était l'un des
princes les plus magnifiques de son temps, et
l'un de ceux dont les mœurs dissolues et les
folles prodigalités donnaient à ses sujets les
plus pernicieux exemples. « Il aimait à se voir
entouré d'astrologues, de jongleurs et de bala-
dins de toute sorte. Il faisait venir à grands
frais, des pays lointains, des bêtes rares et cu-
rieuses, surtout des singes et des perroquets
qu'il affectionnait beaucoup. Il entretenait trois
fous et un nain, une multitude de chiens et
de faucons ; ses sujets n'étaient occupés qu'à
composer des mascarades et des divertisse-
ments plus ou moins déshonnêtes. »

On conçoit tout ce qu'une telle cour et un

tel prince devaient dépenser d'argent. Aussi le comte se trouvait-il souvent obéré, et les bonnes villes du comté s'étaient déjà vues plusieurs fois dans l'obligation de lui venir en aide. Mais les bourgeois, quelle que fût leur indulgence pour les goûts extravagants de leur prince, se lassèrent d'en payer les frais.

Aux fêtes de la Pentecôte de l'année 1379, il prit fantaisie au comte de donner un grand tournoi sur le marché-aux-grains, à Gand, et il y convia toute la noblesse de Hollande, d'Artois, de Picardie et de Brabant. On faisait les préparatifs, lorsqu'il ordonna de proclamer du haut de la maison des échevins, la demande d'une nouvelle taxe destinée à couvrir les frais de ce divertissement. Cette fois-ci, Louis de Male avait compté, comme on dit vulgairement, sans son hôte.

Au milieu de l'assemblée des bourgeois, une voix s'éleva : c'était celle de *Goswin Mulaert*, pour protester contre cette nouvelle exaction : « Plus une obole, s'écrie-t-il; les plaisirs du prince nous ont déjà trop coûté; on ne peut nous contraindre à de tels impôts, » et d'une voix unanime le peuple répéta : « Plus une obole. »

Le comte furieux quitta Gand et s'en vint à Bruges où il réclama le même subside de la commune. Les Brugeois, guidés par la fatale jalousie qui sépara presque constamment les deux plus grandes cités de la Flandre, le lui promirent à une condition qui ne tendait à rien moins qu'à ruiner les Gantois, et que Louis de Male s'empressa de leur accorder. C'était l'autorisation de conduire directement les eaux de la Lys de Deynze à Bruges, en réunissant cette rivière à la Reye par un canal de jonction. Les Gantois en furent vivement irrités, s'imaginant qu'on voulait, en détournant le cours de la rivière, porter un grand préjudice à leur commerce; leur irritation reposait sur une base sérieuse, car les Brugeois ne cherchaient qu'à nuire à leurs rivaux. Ils auraient demandé, une fois le canal terminé, que l'étape des blés de l'Artois dont Gand avait joui sans interruption, fut fixée à Bruges. Gand refusa ouvertement de payer les nou-

velles taxes; il s'en suivit une agitation extraordinaire, prélude d'une guerre civile désas-
treuse.

Il y avait à Gand deux familles puissantes
que divisait depuis plusieurs générations une
de ces haines héréditaires si communes au
moyen-âge. C'était celle des Hyoens et des
Mathys. Le chef de la première, homme ré-
fléchi, hardi et entreprenant, jouissait de toute
la confiance du comte. Il avait été précédem-
ment exilé à Douai pour le meurtre d'un bourgeois; le comte l'avait fait rappeler et l'avait
fait investir de la dignité de doyen des bateliers. Il avait promis à son seigneur de faire
passer la taxe; mais tous ses efforts échouèrent
contre l'obstination des Gantois et l'hostilité
de la famille Mathys. Pour le perdre, le chef
de cette famille, nommé Gilbert, alla trouver
le comte, lui dépeignit Jean Hyoens comme
un traître, et lui persuada que si lui, Gilbert
Mathys, se trouvait dans une position aussi
influente que celle de Jean Hyoens, il se char-
gerait bien de faire passer la taxe. Le comte
« qui ne véoit mie bien clair » le crut, disgracia

inconsidérément son favori, et le dépouilla de la dignité de doyen des bateliers pour en revêtir Gilbert Mathys. Ce dernier, par son crédit, parvint effectivement à faire consentir la taxe aux Gantois; mais le comte venait de se créer dans la personne de Jean Hyoens, un ennemi irréconciliable.

CHAPITRE XVIII.

LÉS CHAPERONS BLANCS. — JEAN HYOENS.

E creusement du canal de la Lys à la Reye préoccupait vivement, comme nous l'avons vu, le peuple de Gand. Un jour, une femme, les cheveux en désordre et les pieds couverts de poussière, paraît au milieu d'eux et s'assied près de la croix du marché. On l'interroge : elle répond qu'elle revient d'un pèlerinage à Notre-Dame de Boulogne, et qu'en passant elle a vu cinq cents ouvriers brugeois occupés sans relâche à détourner le cours de la Lys. Ces paroles excitent un mouvement

11

extrême. Les Gantois s'écrient qu'ils ne le souffriront pas et, comme sous le règne de Louis de Nevers, ils se hâtent d'aller réclamer les conseils de Jean Hyoens dont ils honorent le patriotisme et le dévouement et qui pour eux est un second sage homme.

Les Gantois donc se réunirent autour de lui et le supplièrent de les aider de ses avis.

— « Seigneur, leur répondit Hyoens, il faut que, en la ville de Gand, un ancien usage qui jadis y fut, soit renouvelé; c'est que les blancs chaperons soient remis en avant. — »

— « Nous le voulons, répondit tout le peuple, en avant les chaperons blancs!

En 1337, Jacques van Artevelde avait aussi donné à ses amis ce signe de ralliement.

La confrérie des chaperons blancs fut ainsi réorganisée; les hommes les plus robustes et les plus remuants des basses classes s'y enrôlèrent. Jean Hyoens s'en constitua le chef et prit pour ses lieutenants Goswin Mulaert, Arnold Leclerc et Simon Colpart. Cette confrérie ne tarda pas à devenir puissante et à mener à son gré, la commune de Gand.

Deux troupes revêtues de chaperons blancs et commandées par Leclerc et Colpart avaient quitté Gand pour s'opposer aux travaux des Brugeois. Ils les trouvèrent occupés à creuser le canal entre Aeltre et Knesselaere. La plupart des ouvriers prirent la fuite : ceux qui résistèrent furent tués.

Le comte, espérant encore prévenir une insurrection, fit défendre aux Brugeois de continuer leur ouvrage. Mais Jean Hyoens ne manquait pas de motifs pour entretenir l'irritation populaire. Le bailli du comte à Gand, nommé Roger de Hauterive, était un de ces serviteurs maladroits dont le zèle insensé semble se proposer pour but de perdre la cause de leur maître. On trouve de tels hommes au début de toutes les révolutions. Son arrogance était extrême. Il ne cessait d'irriter les bourgeois par des propos insensés qui trahissaient un caractère bas et grossier. Il avait coutume de dire que bientôt il manquerait de cordes, parce qu'il devait faire pendre tous les Gantois aux portes de leurs maisons. Il avait osé, au milieu de la ville de Gand, faire arrêter un habitant qui

portait le chaperon blanc et criait : Bourgeoisie !
Ce chaperon blanc appartenait à la corporation
des tisserands.

Aussitôt Liévin Walravens, doyen de cette
corporation, fait mettre tous ses hommes sous
les armes et réclame énergiquement la mise en
liberté du tisserand. Le bailli retenait en outre
depuis quelque temps, contrairement aux privilèges de la commune, un batelier de Gand
dans la prison d'Eecloo. Les magistrats, obéis-
sant à l'impulsion populaire, firent sommer le
bailli de mettre en liberté les deux hommes qui
relevaient de la juridiction des échevins. Le
sire de Hauterive reçut fort mal les messagers
de l'hôtel de ville. —

— « Voilà bien du bruit pour des gens de
rien ! s'écria-t-il ; il m'importe peu que ces
coquins soient bourgeois de Gand, et du diable
si je les relâche sans un ordre exprès de Monseigneur le Comte ! »

Jean Hyoens était heureux intérieurement
d'une si folle conduite qui, en mettant les libertés
communales en jeu, identifiait sa cause avec
celle de toute la commune. En effet, les ma-

gistrats et les hommes les plus considérables
de la cité, voyant que de tout cela il allait ré-
sulter une terrible révolte, vinrent trouver le
comte au château de Mâle, se jetèrent à ses
pieds et lui dirent :

« Monseigneur, nous sommes vos fidèles et
loyaux sujets. Ne nous enlevez pas les libertés
que vos ancêtres ont données au peuple de Gand
pour le protéger. Il ne peut supporter l'idée
d'un impôt ; mais si, par suite de quelque
nécessité, vous avez besoin d'un subside en
argent, le peuple gantois est prêt à vous l'accorder, mais librement, pourvu qu'il n'y soit
pas contraint. Voyez de combien de périls la
Flandre est menacée, si vous ne daignez écouter
les conseils de vos loyaux sujets, et si vous ne
joignez vos efforts aux nôtres pour le rétablis-
sement de la paix. » (*Meyer*).

Le comte accueillit fort courtoisement ce
message, d'autant plus que l'audace des chaperons commençait à lui inspirer des craintes.
Il promit de faire cesser la perception de la
taxe à Gand, et défendit de nouveau aux Brugeois de continuer le creusement du canal de

Deynze. Mais en retour il demanda la disso-
lution de la compagnie des chaperons blancs.

Ce n'était pas l'affaire de Jean Hyoens. Dissoudre les chaperons blancs sur lesquels s'ap-
puyait son autorité de tribun, c'était courir
au devant d'une abdication, et il ne se sentait
aucun goût pour la retraite. « Ce sont les
chaperons blancs qui vous ont sauvés, dit-il à
l'assemblée de la commune; en les prenant
vous êtes devenus libres; vous cesserez de
l'être dès que vous les quitterez. » Hyoens,
ajoute Froissard, parloit si belle rhétorique et
par si grand art que ceux qui l'oyoient estoient
tout réjouis de son langage. »

Les échevins et les gens de Gand approu-
vèrent sa harangue, et Hyoens demeura à la
tête de sa formidable compagnie qui ne fut pas
dissoute et que chaque jour de nouveaux mé-
contents venaient grossir.

Il avait été décidé secrètement à Male, dans
une assemblée des chefs du parti *Leliaert,* que
Roger de Hauterive emploierait la force. Il
vint à Gand avec deux cents chevaux et se
joignit au parti de Gilbert Mathys dans lequel

se trouvaient les corporations des bateliers et des bouchers. Ils avaient résolu de s'emparer mort ou vif de Jean Hyoens et d'éteindre le feu de la révolte dans le sang des principaux factieux. Jean Hyoens était sur ses gardes. Il marcha au-devant de ses ennemis avec les chaperons blancs et le métier des tisserands. Un combat terrible eut lieu dans la plaine nommée le *Cauter*, devant la maison des tisserands. La troupe du bailli fut écrasée, lui-même massacré et la bannière du comte déchirée et foulée aux pieds. Gilbert Mathys et les siens se dérobèrent par la fuite à la fureur de leurs ennemis ; sa maison fut saccagée et démolie ; les magistrats, la plupart des nobles et tous les partisans du comte furent forcés de quitter la ville qui demeura entièrement à la merci de la populace.

La guerre était déclarée : Jean Hyoens voulut rendre toute réconciliation impossible. A la tête des chaperons blancs et des tisserands, il sort de la ville et se porte sur Wondelghem où le comte possédait un magnifique château qu'il avait fait bâtir récemment et

affectionnait par dessus toutes ses autres rési-
dences. Les insurgés y mettent le feu, après
l'avoir dévasté, et incendient à leur retour tous
les châteaux se trouvant sur leur route et
qui appartenaient à des nobles connus pour
être les partisans du prince. Pendant tout
le mois de décembre, ils exercèrent leurs
atroces dévastations sur le territoire de Gand,
recommençant l'ancienne guerre des gens de
métiers contre le comte et la noblesse. Bientôt
l'insurrection s'étendit : les villes de Hulst,
de Termonde, d'Alost, de Ninove et de Deynze
firent cause commune avec les Gantois. Le
comte, pendant ce temps, avait convoqué à
Lille une assemblée de nobles, et, ayant rétabli
son autorité à Alost et à Termonde, il munit
ces villes, ainsi que celles de Gavre, de Rupelmonde et d'Audenarde, de fortes garnisons,
formées en partie de troupes allemandes qu'il
avait fait venir.

Il importait aux révoltés d'attirer dans leur
parti la puissante commune de Bruges qui
aurait pu contrebalancer le succès des Gantois.
Hyoens se rendit sous les murs de cette ville

avec environ dix mille hommes dans le dessein d'en faire le siège : mais le peuple de Bruges témoigna si hautement sa sympathie pour les révoltés que le magistrat fut contraint d'ouvrir les portes aux Gantois; les deux grandes communes firent alliance entre elles et échangèrent des otages comme gage de leur mutuelle fidélité. Deux jours après, Hyoens se rendait à Damme dont les habitants se donnèrent à lui.

Un mois lui avait suffi pour rétablir dans presque toute la Flandre l'autorité des communes. Ses rapides succès rappelaient ceux qui, quarante ans auparavant, avaient illustré Jacques van Artevelde ; mais l'on ignorait encore si Jean Hyoens montrerait le même génie en consolidant son triomphe. L'avenir ne devait point lui permettre de justifier les espérances qui lui souriaient. A peine s'était-il arrêté à Damme, « que moult soudainement » lui prit une maladie dont il fut tant enflé; et » la propre nuit que la maladie le prit, il avait » soupé en grand revel avec nombreuse compagnie de la ville, parquoi les aucuns veulent » maintenir qu'il fut empoisonné. » On le mit

aussitôt sur une litière pour le rapporter à
Gand, mais il expira avant d'y arriver. « Quand
les nouvelles de sa mort furent venues à Gand,
dit Froissart, toutes gens furent durement
courroucés, car moult y estoit aimé. Si vinrent
les gens d'église à l'encontre du corps ; et fut
amené en la ville à aussi grand' solemnité que
si ce fût le comte de Flandre ; et fut enseveli
moult révéremment en l'église de Saint-Nicolas. »

CHAPITRE XIX.

LES CHAPERONS BLANCS. (SUITE).

A mort de Jean Hyoens n'améliora pas les affaires de Louis de Male. S'il est vrái que le poison y ait aidé, ce fut un crime inutile. Les Gantois se choisirent quatre nouveaux chefs parmi les hommes les plus déterminés et les plus audacieux de la ville. C'étaient Jean Pruneel, Jean Baels, Pierre Van den Bossche, et un gentilhomme de la maison de Liedekerke, nommé Rasse de Herzeele. Ils jurèrent tous de maintenir les franchises de

Gand et le peuple leur prêta serment d'obéissance. Pierre Van den Bossche, militaire distingué, fut appelé à poursuivre la tâche que Jean Hyoens avait commencée. Il sortit de Gand, le 11 septembre, avec douze mille hommes, pour se rendre à Deynze et de là à Courtrai où il passa trois jours. Il s'agissait cette fois de compléter la restauration de l'autorité politique des communes en la faisant reconnaître dans la ville d'Ypres, autre métropole de la triade flamande. Malgré le sire d'Antoing et les chevaliers chargés de la défense de cette dernière ville, les tisserands et les foulons avaient pris les armes, et mille cris faisaient écho à celui du doyen des métiers, Jacques Van der Beerst : « Flandre au lion et nos libertés ! » A Ypres comme à Bruges, aucun désordre ne signala la victoire des Gantois, et l'alliance des communes flamandes y fut également proclamée.

Le comte de Flandre se trouvait en ce moment à Lille. « Si nous avons perdu Ypres » cette fois, nous la recouvrerons une autre » fois à leur male meschéance ; car j'en ferai » encore tant trancher de têtes, et là et ailleurs,

» que les autres en ébahiront ! » Tous ses soins
furent désormais employés à fortifier Audenarde, dont il voulait se faire une citadelle
d'où il pût intercepter le commerce de l'Escaut
et dominer toute la Flandre. La garnison de
plus de huit cents lances était composée de
l'élite des chevaliers de la Flandre. C'était le
dernier asile de l'autorité du comte et de la
puissance des *Leliaerts*.

Les capitaines gantois connaissaient l'impor-
tance de la forteresse d'Audenarde. Peu de
bourgeois avaient suivi le sire de Herzeele,
pour attaquer Termonde où se tenait Louis
de Male. Quand il fut décidé que l'on assiége-
rait Audenarde, toute la Flandre se leva et,
dès le 15 octobre, cent mille hommes de milices
communales dressèrent leurs tentes dans les
belles prairies de l'Escaut.

La vieille comtesse de Flandre, Marguerite
d'Artois, reprochait vivement à son fils de
s'engager dans une grande guerre contre les
communes flamandes. Petite-fille de Philippe
le Bel, cette princesse avait appris par une
longue expérience combien elles étaient redou-

tables dans les combats et que jamais elles n'avaient été vaincues que par la ruse. Elle se hâta d'écrire au duc de Bourgogne pour lui faire savoir que, s'il ne parvenait pas à calmer les Flamands, son héritage était en péril. Le duc de Bourgogne n'était ni moins habile ni moins sage. Il se conforma à ce conseil et accourut à Tournai. Son premier soin fut d'envoyer tour à tour l'abbé de Saint-Martin au camp flamand pour prêcher la paix, et le maréchal de Bourgogne à Audenarde pour s'assurer de la situation des assiégés. Leurs messages les convainquirent que la paix était nécessaire et même possible. Quoique les communes de Flandre se montrassent très fières et bien résolues à maintenir leurs libertés, le duc de Bourgogne cherchait à les apaiser en leur promettant que le comte retournerait à Gand et oublierait tous ses griefs. Mais les Flamands exigèrent que le comte leur remît leurs libertés et franchises accordées autrefois par Robert de Béthune, et ils agirent de telle sorte que Louis de Male fut forcé de se soumettre à leur volonté.

Ce fut dans un banquet que le duc de Bourgogne, après avoir inutilement essayé de séduire les députés flamands par de vaines protestations, souscrivit à toutes leurs demandes et obtint que les communes lèveraient le siège d'Audenarde. La paix avait été conclue aux conditions suivantes :

Le comte pardonnera tout ce qui a été fait jusqu'à ce jour.

Les communes conserveront les privilèges, usages, coutumes et libertés que le comte, lors de son avènement, leur a juré de maintenir, de telle manière que le comte soit un seigneur libre et son peuple un peuple libre.

Tous ceux qui se sont éloignés comme adversaires des communes pourront requérir enquête légale et jugement, afin qu'on ne puisse dire qu'on procède arbitrairement et non selon la loi.

Tous les baillis seront changés ; s'ils réclament une enquête, elle leur sera accordée ; si elle leur est favorable, ils jouiront de toute protection ; mais s'ils étaient jugés coupables, ils ne pourraient à l'avenir être appelés à d'autres fonctions.

L'enquête légale aura lieu dans toute la Flandre : le bailli du comte y sera assisté des délégués des trois bonnes villes et il jurera de n'épargner personne ; de plus, s'il manque à ce serment, il sera lui-même soumis à l'enquête ; et à l'avenir chaque année de semblables enquêtes seront tenues par vingt-cinq personnes dont neuf seront choisies par les échevins de Gand, huit par ceux de Bruges et huit par ceux d'Ypres, afin qu'elles punissent tous ceux qui se conduiraient déloyalement, et qu'elles maintiennent les privilèges et les libertés du pays.

Le comte confirma à Malines, le 1 décembre 1379, ces concessions importantes. Louis de Male avait aussi promis aux Gantois d'aller habiter leur ville pour leur prouver « qu'il leur pardonnait tout, dit Froissart, sans nulle réservation, exception ou dissimulation. » — « Mais, ajoute un autre historien, le comte ne voulait tenir l'ordonnance qu'on lui avait fait signer par force. » La paix de 1379 ne fut qu'une paix à deux visages, comme l'appelle Froissart. Un instant, les Gantois parurent soupçonner la mauvaise foi du comte ; lorsqu'ils s'éloignèrent le 4 décembre, ils regrettaient d'avoir renoncé à la démolition des murailles d'Audenarde, et voulaient les détruire avant de rentrer dans leurs foyers ; on parvint à les en dissuader. Un de leurs capitaines, Jean Pruneel, avait déjà fait ratifier le traité par les échevins de Gand et, peu après, il retourna à Tournai pour le faire sceller.

Le comte cependant ne s'empressait nullement de venir fixer son séjour à Gand. Son éloignement favorisait les amis des troubles. Les citoyens sages, ceux que lassaient la domination tyrannique et les excès de la populace envoyèrent une députation au comte pour le supplier, dans l'intérêt de l'ordre, de venir habiter leur cité. Le comte la reçut fort mal, donna cours devant eux à sa mauvaise humeur et se répandit en récriminations contre la félonie des gens de Gand. Il promit cependant, après s'être apaisé, de se rendre à Gand sous peu de jours.

Le lendemain, Louis de Male y fit son entrée. Tous les bourgeois s'étaient portés au-devant

de lui pour lui faire honneur, les uns à pied,
les autres à cheval; mais il ne leur adressait
pas une parole et les saluait à peine. Arrivé à
son hôtel, il y déclara aux magistrats que son
intention était d'observer la paix, mais qu'il
voulait que les chaperons blancs fussent abolis
et qu'une amende fut payée pour le meurtre
de Roger de Hauterive. Il persistait aussi à
exiger qu'on lui remît les principaux chefs de
la sédition. Le lendemain matin, le comte
se rendit à cheval au marché du Vendredi, et
monta au balcon qu'on avait orné d'une dra-
perie d'écarlate. De là il harangua le peuple
pendant toute une heure, rappelant l'amour
qu'il avait autrefois montré aux Gantois, les
services qu'il avait rendus à leur commerce, et
se plaignant doucement de la manière dont on
l'avait récompensé. Il finit par dire qu'il pardonnait toutes les offenses reçues, et n'en voulait
plus entendre parler; pourtant qu'il ne fallait
rien faire de nouveau contre lui, et que les
chaperons blancs devaient disparaître. A peine
eut-il lâché cette parole, qu'il s'éleva des murmures sur la place. Le comte pria chacun de

se retirer tranquillement, mais les chaperons blancs qui y étaient en grand nombre restèrent, et ne lui firent aucun salut à son passage. Je ne triompherai jamais de ces chaperons, dit-il en rentrant tout triste à son hôtel. Trois jours après, il quitta Gand de mauvaise humeur, et sans prendre congé de personne. Sa mère Marguerite l'accompagna à Paris, où elle parvint à le réconcilier avec le roi Charles V, qu'il avait mécontenté en donnant asile à un feudataire rebelle, le duc de Bretagne, et dont il sentait que l'appui lui serait bientôt nécessaire.

La fuite du comte annonça à la Flandre le renouvellement des discordes civiles. Il n'avait point tardé de retourner à Lille, où il réunissait une armée de mercenaires étrangers. En même temps, les *Leliaerts* prenaient en Flandre des chaperons rouges pour indiquer leur hostilité aux chaperons blancs et ornaient leurs vêtements de fleurs de lis, tandis que les *Klauwaerts* adoptaient pour signe de ralliement trois griffes de lion.

Un acte odieux de trahison ouvrit la guerre. Olivier de Hauterive et quelques autres che-

valiers, cherchant à venger la mort du bailli de
Gand, s'emparèrent de quarante barques qui
naviguaient sur la Lys, et renvoyèrent les
bateliers à Gand, après leur avoir fait crever
les yeux et couper les mains. Cet affreux spectacle y souleva tous les esprits. On ne doutait
point que ce crime n'eût eu lieu par l'ordre du
comte de Flandre, et il n'y avait personne qui
osât le justifier.

Les bourgeois de Gand sentirent de plus en
plus le besoin de réunir leurs forces et, pendant sept années, c'est Froissart qui le rapporte,
l'on ne vit point une seule querelle dans cette
ville qu'avaient si souvent troublée des discordes intestines. Les bourgeois se montraient
prêts à sacrifier de nouveau leur or et leurs
joyaux pour la défense de leurs franchises.

Jean Pruneel et les chaperons blancs avaient
résolu de répondre par quelque éclatant exploit
au défi d'Olivier de Hauterive. Ils sortirent de
Gand le 22 février et se dirigèrent au nombre
de cinq mille sur Audenarde. Les chevaliers
leliaerts, qui n'avaient pas prévu cette attaque,
avaient quitté les remparts pour célébrer, au

milieu des banquets et des jeux, les fêtes de la Mi-Carême, et les Gantois s'en emparèrent sans rencontrer de résistance. Jean Pruneel fit enlever les portes qu'il envoya à Gand et démolir les tours avec une partie des murailles.

En apprenant cet acte d'hostilité, Louis de Male envoya à Gand des députés qui demandèrent aux magistrats des explications sur la rupture de la paix. Les échevins répondirent que c'était le comte qui avait rompu la paix et par son séjour à Lille et par les cruautés exercées sur les malheureux bateliers. Les députés jurèrent que le comte était étranger à cette atrocité et que ce n'était qu'une vengeance particulière. Les magistrats à leur tour désavouèrent Jean Pruneel et dirent qu'ils n'avaient point ordonné l'expédition d'Audenarde. Les députés firent alors connaître aux Gantois que le comte exigeait la restitution d'Audenarde et la punition de l'auteur de l'infraction à la paix, ou sinon il allait commencer la guerre. Le conseil des hommes sages et des partisans de la paix prévalut. Audenarde fut rendu au comte, Jean Pruneel fut banni de la Flandre comme séditieux et perturbateur de la paix, Olivier de Hautcrive et ses complices furent également bannis. Pruneel s'était rendu à Ath; à la prière du comte Louis, le comte du Hainaut le fit saisir et diriger sur Lille où Louis de Male lui fit trancher la tête.

CHAPITRE XX.

LA RÉVOLTE DES CHAPERONS BLANCS SE TRANSFORME.
GUERRE ENTRE LES COMMUNES ET LA NOBLESSE.

QUAND la nouvelle de la mort de Pruneel arriva à Gand, les chaperons blancs résolurent de le venger d'une manière terrible. Sous la conduite de leurs chefs, hommes hardis et entreprenants, ils reprirent les armes et allèrent autour de la ville ruiner et saccager les châteaux des *Leliaerts*. En même temps, deux corps de milices gantoises s'avancèrent jusqu'à Thielt et jusqu'à Aeltre, pour attendre la décision des bourgeois de Bruges et d'Ypres sur le parti qu'ils allaient adopter. De son côté, Louis de Male était à Wervicq, observant la marche des événements.

Le 13 mai, une troupe de Gantois entre tout à coup à Bruges; les Brugeois, se croyant trahis, prennent les armes et attaquent les Gantois sur la place du Vendredi. Une mêlée sanglante s'engage et les Gantois quittent la ville abandonnant leurs morts et quelques prisonniers.

Le comte reparut à Bruges aussitôt et, cédant aux prières des Brugeois effrayés par les préparatifs de vengeance de ceux de Gand, il consentit à conclure un arrangement avec ces derniers. Cette trève dura sept semaines. Au bout de cet intervalle, on vit la Flandre s'agiter de nouveau : Gand, Ypres, Courtrai, Thielt, Deynze, Roulers s'associèrent sans hésitation à ce mouvement.

Louis de Male était alors à Dixmude. S'appuyant d'une part sur les populations du Franc toujours hostiles aux grandes villes, de l'autre il appelle sous ses bannières les chevaliers du Hainaut et de l'Artois. Les milices communales, sorties d'Ypres pour se réunir à celles de Gand, tombent dans une embuscade à Roosebeke, et y laissent douze cents des leurs. Dès le lendemain, Ypres ouvre ses portes à Louis de Male qui y entre à la tête de soixante mille hommes. Trois cents bourgeois des plus notables sont jetés en prison, sept cents tisserands immédiatement décapités, une partie de la ville livrée aux flammes; Courtrai se soumet à l'instant et livre au comte trois cents otages.

Encouragé par ces succès, Louis de Male vint mettre le 2 septembre le siège devant Gand.

Ce n'était pas une chose facile que de s'emparer de cette cité. Gand était l'une des plus fortes villes du monde et il aurait fallu plus de deux cent mille hommes pour la bloquer complètement. Elle renfermait quatre-vingt mille hommes en état de porter les armes, que d'habiles capitaines dirigeaient.

Les destinées de ces libertés communales, si chères à nos aïeux, semblaient renfermées dans la cité gantoise. Les vœux, les espérances des populations flamandes accompagnaient les efforts de ses défenseurs. Au dehors, les habitants de Malines, appelés par Louis de Male à marcher sous ses drapeaux, refusent de combattre les Gantois et toutes les communes du Brabant imitent cet exemple. Dans l'antique et glorieuse ville de Saint-Lambert, qui elle aussi voit fleurir depuis des siècles sur les rives pittoresques de son beau fleuve l'arbre sacré de ses libertés, à Liège, les bourgeois se sont rassemblés et ils ont adressé à leurs frères des bords de l'Escaut ce message : « Si vous êtes maintenant assiégés, ne vous déconfortez pas ; car Dieu sait et toutes les bonnes villes que vous avez droit en cette guerre » (Froissart). Enfin, il n'est pas jusqu'au sage roi de France, Charles V, qui ne semble voir avec intérêt et sympathie cette résistance d'un noble peuple.

Partout régnait une très grande fermentation ; partout s'agitaient les mêmes questions. Le peuple et la bourgeoisie étaient en lutte contre la noblesse qui tentait un effort désespéré pour replacer la société sous le joug du régime féodal. La lutte avait un caractère sauvage et atroce, tel qu'on pouvait l'attendre de l'ignorance de ces temps et de la rudesse générale des mœurs.

Cependant le comte pressait le siège de la ville; chaque jour de nouvelles troupes le rejoignaient. Le plan d'attaque fut modifié. Des prairies de Tronchiennes où il avait d'abord placé son camp, il le transporta au nord de la ville pour pouvoir intercepter les approvisionnements que les Gantois tiraient du pays de Wâes, et empêcher toutes relations avec les communes du Brabant.

Il fallait d'ailleurs s'opposer aux incursions toujours plus fréquentes des divers capitaines gantois. Pierre Van den Bossche, Rasse d'Herzeele, Jean de Lannoy et Jacques Van der Beerst parcouraient toutes les châtellenies où le comte n'avait pas d'armée, renversant les châteaux, s'emparant des bourgs, attaquant les villes. C'est ainsi qu'ils conquirent tour à tour Termonde, Alost, Ninove et Grammont. Plusieurs chevaliers *leliaerts* périrent dans ces combats. Arnould Leclerc réussit à surprendre une partie de la garnison d'Audenarde qui s'était avancée imprudemment hors des remparts. Les Gantois furent impitoyables; ils en voulaient surtout au sire de Steenhuyze qui s'était toujours

montré leur ennemi : ils le poursuivirent jusqu'à l'abbaye d'Eename, l'y atteignirent et le
précipitèrent du haut d'une fenêtre sur les fers
de leurs lances.

Deux assauts avaient été donnés inutilement
à la ville de Gand. Le premier novembre, on
combattit depuis le matin jusqu'au soir. Cinq
jours après, le pont de Langerbrugge devint
le point de mire des assiégeants. Ils n'avaient
obtenu aucun succès lorsque tout à coup, au
milieu de la nuit, Rasse d'Herzeele et Pierre
Van den Bossche s'élancèrent au milieu de
leur camp avec une partie des bourgéois des
paroisses de Saint-Michel et de Saint-Jacques;
ils enlevèrent aux *Leliaerts* brugeois toutes
leurs bannières, après avoir tué leur capitaine,
Josse d'Halewyn.

Dès le lendemain, le comte découragé fit
offrir la paix aux Gantois; elle fut proclamée
le 11 novembre, *paix à deux visages*, selon
l'expression de Froissart, parlant de celle de
l'année précédente. Louis de Male s'y engageait
à pardonner aux bourgeois et à respecter leurs
vies, leurs biens et leurs libertés, remettant à

la justice ordinaire la punition de ceux qui avaient excité des troubles.

Cette paix venait à peine d'être conclue que les bourgeois de Gand choisissent pour second échevin de la Keure, un des frères de Jean Hyoens. Le comte ne tarda pas à reprendre les armes. Au printemps de 1381, la guerre avait recommencé. Louis de Male, à la tête d'une armée de vingt mille hommes, se dirigeait vers le château de Gavre, d'où il voulait chasser les Gantois, quand il rencontra Jean de Lannoy et Rasse d'Herzeele avec six mille Flamands tout au plus. Quoique inférieur en force, le sire d'Herzeele se précipita incontinent au milieu des hommes que commandait le sire de Ghistelles. La bataille fut terrible, les Gantois se battaient au cri de Flandre au Lion et tuaient tout ce qui leur tombait sous la main ; à la fin le nombre l'emporta, et Rassé de Herzeele, le plus brave et le plus habile des chefs gantois fut tué en protégeant la retraite des siens. Jean de Lannoy s'était refugié dans le clocher de Nevele, on y mit le feu. Voyant que la retraite lui était coupée, le chevalier se mit

à crier du haut de la tour : « Rançon ! Rançon ! »
et il montrait aux ennemis son escarcelle
remplie d'or ; mais on lui répondit : « Sautez,
si vous avez peur d'être brûlé ! » Quand il se
sentit près de suffoquer dans la fumée, il
s'élança dans l'espace et vint tomber brisé aux
pieds de ses bourreaux qui percèrent son cadavre de mille coups et le rejetèrent dans les
flammes.

Pierre Van den Bossche, parti trop tard
pour aller secourir les deux chevaliers, revint
à Gand, où il faillit être mis à mort parce
qu'on l'accusait d'être cause de ce désastre ;
mais il se justifia en rejetant toute la faute sur
la témérité des deux nobles, qui auraient dû
attendre son arrivée, et qui, dans leur désir
insensé d'acquérir une vaine gloire, avaient
voué tous leurs compagnons à une mort certaine. On organisa de nouvelles troupes, et la
guerre continua avec des fortunes diverses.
Mais quoiqu'on fît, les courages commençaient
à faiblir et Gand semblait menacé d'une désolation prochaine.

Dans ces tristes conjonctures, Pierre Van

den Bossche se rappelait souvent avoir entendu raconter à son maître Jean Hyoens combien la Flandre avait été heureuse et puissante sous le gouvernement de Jacques van Artevelde. Plus d'une fois, ces mots familiers aux Gantois : « Ah ! si Jacques van Artevelde vivait ! » étaient venus frapper son oreille. Plein de ces pensées, il résolut d'opposer, comme dernier boulevard aux attaques de Louis de Male, l'autorité attachée au nom le plus populaire que connût la Flandre !

CHAPITRE XXI.

ACQUES VAN ARTEVELDE avait laissé un
fils ; ce fils, comme nous l'avons dit plus
haut, avait eu pour marraine la reine Philippine d'Angleterre, femme d'Edouard III, et lui-
même se nommait Philippe. Il avait commandé
l'un des cinq corps sortis de Gand le 19 Juin
1381, et jouissait d'une grande autorité parmi
lès bourgeois. Un soir du mois de Janvier 1382,
Van den Bossche le vint trouver et lui dit :
« Philippe, nous sommes de présent en très-
» grant nécessité d'avoir un souverain capitaine

» de bon nom et de bonne renommée, et votre
» père Jacques van Artevelde ressuscite main-
» tenant en cette ville par la bonne mémoire
» de lui. Et disent toutes gens en cette ville,
» et ils disent vrai, que oncques le pays de
» Flandre ne fut tant aimé, ni tant craint, ni
» honoré comme il le fut de son vivant. »
(FROISSART). Il lui faisait pressentir ainsi les
vues qu'on avait sur lui.

Le lendemain, le peuple s'assembla. On proposa divers capitaines; les uns refusèrent, les
autres n'avaient pas les qualités nécessaires.
Van den Bossche, qui s'était tû d'abord, prit la
parole : « Seigneurs, dit-il, je crois que ceux
qui ont été nommés méritent d'avoir le gouvernement de la ville de Gand. Mais j'en sais
un qui point n'y vise ni y pense, et que, si il
s'en vouloit enseigner, il n'y aurait point de
plus propice et de meilleur nom. ». Et comme
le peuple insistait pour qu'il le nommât : « c'est,
» poursuivit-il, Philippe van Artevelde, qui
» fut tenu sur fonts, à Saint-Pierre de Gand,
» de la noble reine d'Angleterre, en le temps
» que son père, Jacques van Artevelde, séoit

» devant Tournai avec le roi d'Angleterre, le
» duc de Brabant, le duc de Gueldre et le
» comte de Hainaut; lequel Jacques van Arte-
» velde, son père, gouverna la ville de Gand
» et le pays de Flandre si très-bien que oncques
» païs ne fut si bien gouverné, à ce que j'en ai
» ouï et ois encore recorder tous les jours des
» anciens qui la connaissance en eurent; ni ne
» fut si oncques depuis bien gardée ni tenue
» en droit que elle fut de son temps, car
» Flandre si estoit toute perdue quand, par son
» grand sens et l'heur de lui, il la recouvra.
» Et sachez que nous devons mieux aimer les
» branches qui viennent de si vaillant homme
» qu'il fut, que de nul autre. »

— « Nous ne voulons autre, nous ne voulons
autre ! » s'écrièrent tous les bourgeois, et de
ce pas ils se dirigèrent vers la maison de
Philippe van Artevelde, précédés des doyens
des métiers. Ils lui exposèrent l'objet de leur
démarche, « et lui remontrèrent comment la
bonne ville de Gand estoit en grant nécessité
d'avoir un souverain capitaine, auquel, hors
et ens, on se pût rallier; et que toutes manières

de gens demeurant à Gand lui donnoient leur voix ; car le record de son bon nom, pour l'amour de son bon père, lui séoit mieux en la bouche que nul autre. Si bien, ajouta Pierre Van den Bossche, que toutes gens se loueront de vous. »

— « Je ne voudrois mie faire autrement, » répondit van Artevelde.

Il fut sur le champ reconnu premier capitaine de Gand et Ruwaert de Flandre. « Adonc fut amené au marché, et là sermenté, et il sermenta aussi les maïeurs et les échevins et tous les doyens de Gand et acquit en ce commencement grant grâce, car il parloit à toutes gens qui a besogner à lui avoient, doucement et sagement, et tant fit que tous l'aimoient. (FROISSART.) »

Avec Philippe furent élus quatre autres capitaines qui lui étaient subordonnés : Pierre Van den Bossche, Rasse Van de Voorde, Jacques Derycke et Jean d'Heyst.

Huit jours après, deux bourgeois de Gand, Simon Bette et Gilbert de Gruutere, furent décapités pour avoir cherché à exciter un mouvement populaire en faveur du comte. Aussitôt après, Philippe van Artevelde fit publier une ordonnance portant ce qui suit :

« Toutes les haines privées seront suspendues jusqu'au quatorzième jour qui suivra la conclusion de la paix avec le comte.

» Celui qui commettra un homicide aura la tête tranchée. Les combats dans lesquels aucune blessure n'aura été faite, seront punis d'un emprisonnement de quarante jours. Ceux qui blasphèmeront dans les mauvais lieux, joueront aux dés ou ameuteront le peuple, subiront la même peine pendant soixante jours.

» Chaque mois, il sera rendu compte de l'emploi des deniers publics, et tous les bourgeois, quel que soit leur rang, pourront assister à l'assemblée de la commune.

» Tous les bourgeois de Gand et autres habitants porteront un gantelet blanc, sur lequel seront écrits ces mots : Dieu m'aide ! *God helpt mij !* »

Ces mesures d'ordre étaient excellentes ; mais il fallait de plus assurer l'approvisionnement de la ville. Barthélemi Coolman reçut le com-

mandement des vaisseaux destinés à aller
chercher des vivres dans les ports de la Hollande et de la Zélande, tandis qu'un très habile
officier, François Ackerman, se plaçait à la
tête de trois mille hommes chargés de courir
le pays dans le même but.

Philippe van Artevelde exigea ensuite que
tous les bourgeois et les hommes des métiers
reprissent paisiblement leurs occupations. C'est
ainsi que, fidèle aux traditions paternelles, il
donna de nouveau ce spectacle unique dans
l'histoire, de l'industrie exercée au sein de la
guerre, et dans l'intervalle des combats, par les
mêmes mains qui ne déposaient un instant la
pique, cette arme glorieuse et redoutée des
communes, que pour la reprendre bientôt après
et courir à de nouveaux dangers.

Ackerman fut bien accueilli à Bruxelles et à
Louvain ; mais beaucoup mieux encore à Liège.
En deux jours, il réunit six cents chariots de
blé. « Si notre pays, lui disaient les Liégeois,
était aussi rapproché du vôtre que le sont le
Brabant et le Hainaut, vous seriez autrement
secourus que vous ne l'êtes, car nous savons

que tout ce que vous faites, c'est sur votre bon droit et pour garder vos franchises. » (Frois-sart). La ville de Gand se trouva ainsi soulagée, mais pour trop peu de temps.

Ces approvisionnements s'épuisèrent bientôt, et les mesures prohibitives adoptées par Albert de Bavière ne permirent point aux communes hollandaises et zélandaises, amies de la Flandre, de continuer à les renouveler. Tous les greniers étaient vides. En vain Philippe van Artevelde avait-il acheté, pour le distribuer au peuple, le blé déposé dans les abbayes et chez les plus riches bourgeois : la disette s'accroissait de jour en jour, et le pain commençait à manquer.

Van Artevelde, touché des maux de ses concitoyens, se rendit à Tournai où des conférences avaient été indiquées, et où Jeanne de Brabant, Albert de Hainaut et Arnould, évêque de Liège, avaient envoyé des députés pour implorer le comte en faveur des Gantois. Il demanda que le comte jurât de respecter la ville et les franchises des bourgeois de Gand, et se contentât de bannir ceux qu'il désignerait « à toujours et sans nul rappel, ni espérance de revoir la ville

ni le pays. » Il consentait volontiers à se sacrifier lui-même pour le salut commun. Mais le
comte exigea que tous les habitants de la ville
de Gand, depuis l'âge de quinze ans jusqu'à
soixante, vinssent, pieds nus, en chemise et
la corde au cou, à moitié chemin de Gand à
Bruges et là se missent à merci ! »

Philippe van Artevelde rentra à Gand le
29 Avril 1382. Tout le peuple était accouru
au-devant de lui pour savoir la réponse du
comte. Lui, baissant tristement la tête ne voulait rien répondre et, comme on le pressait :
« Venez demain matin sur la place du marché,
dit-il, et, puisque vous demandez des nouvelles,
alors vous les saurez, les nouvelles. » Le même
soir, Pierre Van den Bossche se rendit près
du *Ruwaert.* « Dans peu de jours, s'écria-t-il,
en apprenant la menaçante issue des conférences de Tournai, la ville de Gand sera la
plus honorée ville des chrétiens, où elle sera
la plus abattue. »

Le lendemain, à neuf heures, Philippe van
Artevelde, suivi des autres capitaines de Gand,
paraissait au milieu du peuple assemblé. Lors-

qu'il eut raconté que le comte exigeait que
tous les Gantois se remissent en sa merci, et
qu'il se proposait d'en faire condamner le plus
grand nombre, il y eut dans la foule une ex-
plosion de cris, de plaintes et de gémissements;
mais le silence se rétablit presque aussitôt et
Philippe van Artevelde reprit :

— « Mes chers concitoyens et amis, il y a
» ici trente mille personnes qui, depuis quinze
» jours, n'ont pas mangé un morceau de pain.
» Nous sommes arrivés à ce point qu'il ne
» nous reste que trois partis à prendre : le
» premier est de nous renfermer dans la ville,
» d'aller tous confesser nos péchés, de nous
» jeter à genoux dans les églises et les monas-
» tères, et là, d'attendre la mort comme des
» martyrs auxquels on a refusé toute miséri-
» corde. Dieu, du moins, aura pitié de nos
» âmes, et le monde dira que nous sommes
» morts en braves gens.

» Le second est de s'en aller tous, hommes,
» femmes et enfants, pieds nus et la corde au
» cou, sur la route de Bruges, crier merci à
» Monseigneur le comte de Flandre. Il n'a pas

» le cœur assez dur et assez obstiné pour
» n'avoir pas pitié de son peuple quand il le
» verra en cet état. Moi, tout le premier, je lui
» présenterai ma tête pour l'apaiser.

» Enfin, le dernier parti est de choisir cinq
» ou six mille hommes des mieux armés et des
» plus vaillants de la ville et de les envoyer
» sur-le-champ attaquer le comte à Bruges. Si
» nous mourons, ce sera au moins honorable-
» ment; Dieu prendra de même pitié de nous
» et le monde dira aussi que nous avons loya-
» lement défendu notre cause. Si, au contraire,
» nous sommes victorieux, et que Dieu nous
» fasse la même grâce qu'aux Machabées, qui
» détruisirent la grande armée des Syriens,
» alors nous serons le plus glorieux peuple
» qu'on ait connu depuis les Romains. Main-
» tenant c'est à vous à voir laquelle de ces
» trois choses vous voulez faire. »

» — Conseillez-nous, conseillez-nous, criè-
» rent les Gantois.

» — Eh bien! mon avis est que nous allions
» chercher la victoire ou mourir en braves! »

Ces énergiques paroles avaient électrisé l'as-

semblée; elle y répondit par d'enthousiastes
exclamations et par les crix mille fois répétés :
« Aux armes! Aux armes! Vive Gand! Vive
van Artevelde! » On choisit environ cinq mille
hommes, les plus vigoureux, les plus intré-
pides et les plus vaillants de la cité. Ils char-
gèrent sur des chariots environ deux cents
pièces d'artillerie et d'autres armes. Ils emme-
nèrent cinq charettes de pains et deux de vin :
c'était tout ce qui restait de vivres dans la
ville. Presque tous les habitants les escortèrent
jusqu'à une grande distance et, en les quittant,
ils leur dirent : « Allez, vous emportez tout
notre espoir et toutes nos ressources. Si vous
êtes vaincus, il est inutile que vous reveniez à
Gand, car nous mettrons le feu à la ville et
nous nous détruirons les uns les autres. Que
Dieu soit avec vous! »

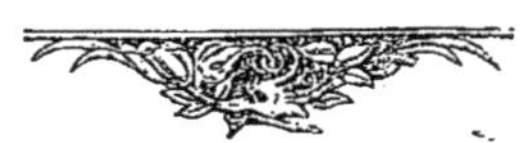

CHAPITRE XXII.

BATAILLE DÈ BEVERHOUTSVELD. — PRISE DE BRUGES.
LE COMTE DE FLANDRE S'ENFUIT A LILLE.

Les Gantois arrivèrent le premier jour à Somerghem. Le lendemain, ils poursuivirent leur marche sur Bruges, jusqu'à ce que, parvenus près d'Oedelem, ils quittèrent le chemin qu'ils suivaient pour se porter vers les vastes bruyères connues alors comme aujourd'hui sous le nom de *Beverhoutsveld*. Là ils n'étaient plus qu'à une lieue de Bruges; ils se retranchèrent derrière une mare couverte de joncs, et attendirent le retour des députés chargés de tenter une dernière démarche auprès du comte. Ainsi s'acheva la journée du 2 mai.

Le 3 mai était un dimanche. On célébrait ce jour-là à Bruges la fête du Saint-Sang par de magnifiques processions qui attiraient une foule d'étrangers. Au lever de l'aurore, les Gantois avaient vu trois chevaliers, montés sur des coursiers rapides, sortir des portes de Bruges et s'approcher de leur camp pour en examiner la situation. C'était la réponse de Louis de Male aux propositions pacifiques de la veille. Van Artevelde ordonna que tout le monde se recommandât à Dieu. Des frères mineurs, qui étaient venus avec l'armée, officièrent en sept endroits différents et prêchèrent pour soutenir le courage des hommes d'armes. Ils parlèrent aux Gantois des Hébreux délivrés de la tyrannie de Pharaon et des Egyptiens; ils rappelèrent les exploits des Machabées et des Romains, et toutes les merveilles de ces anciens récits où l'on voit la puissance du nombre et l'orgueil des potentats accablés et confondus ; ils leur dirent de se confier en

Dieu qui protège toujours la justice et le bon droit.

Plus des trois quarts de l'armée communièrent avec grande dévotion et crainte de Dieu; puis van Artevelde les rassembla autour de lui et leur parla avec entraînement. Il représenta aux Gantois leurs griefs envers leur seigneur, comment ils avaient humblement demandé pardon et voulu se soumettre, et comment on les avait repoussés par des conditions trop cruelles. « Maintenant, dit-il » en finissant et montrant les chariots, voici » toutes vos provisions; après celles-là, si vous » voulez manger, il faut en gagner par le com- » bat. Partageons-les cordialement comme de » bons frères. » Ils se mirent en rangs, on leur distribua un peu de pain et un coup de vin. Puis, pleins de courage et de force, ils se disposèrent en bataille, laissant toujours leurs chariots sur le front de leur armée.

Cependant les hommes d'armes que le comte avait réunis à Bruges et les bourgeois dévoués à sa cause, sortaient en masse des portes de la ville, et se dirigeaient en hâte contre les

Gantois. Les métiers qui avaient vaincu ceux-ci en 1380 sur la place du Vendredi, à savoir, les tailleurs, les bouchers, les poissonniers et les voiriers, montraient un grand enthousiasme, et se vantaient d'exterminer complètement l'ennemi en moins d'une heure. En vain un sage chevalier, Albert de Poucke, fit-il observer qu'il serait imprudent d'aller, avec des hommes marchant en désordre et la plupart pris de vin, attaquer des ennemis sur leurs gardes : on ne l'écouta point, et le comte se vit forcé de se joindre, avec ses huit cents chevaliers, à cette multitude armée qui ne comptait pas moins de quarante mille hommes.

L'attaque comme la marche eut lieu sans le moindre ordre. Les Gantois s'étaient arrangés de manière à mettre les assaillants en face du soleil. Au moment où cette troupe désordonnée fut en présence, ils démasquèrent leurs canons et en tirèrent deux cents à la fois. Puis, voyant le trouble et l'effroi s'emparer des gens de Bruges, ils se jetèrent dessus marchant toujours serrés et criant : Gand ! — Les Brugeois prirent la fuite dans un désordre indescriptible. Un instant seulement Alard de Poucke réussit à rallier les fuyards près de l'église d'Assebroucke; sa mort mit fin à toute résistance. Les Gantois arrivèrent mêlés aux vaincus jusqu'au pied des remparts de Bruges, et l'un d'eux jetant sa pique entre les battants de la porte qu'on s'empressait de fermer, assura à ses amis la conquête de la ville.

Louis de Male avait pris part au combat et avait même été renversé; il remonta à cheval et reprit le chemin de Bruges, suivi de trente ou quarante chevaliers. Rentré à son hôtel, il fit publier promptement dans les rues que tous les bourgeois eussent à se réunir sur la place du marché sous peine de mort. Il était déjà trop tard. Philippe van Artevelde, divisant son armée en deux corps, avait envoyé l'un attaquer, près de l'église Saint-Jacques et au-delà de l'ancienne enceinte de la ville, les bouchers, les poissonniers et les autres corporations qui se préparaient à tenter un dernier effort en faveur du comte, et avait fait occuper par l'autre la place du marché, où les tisserands et les foulons étaient venus se ranger sous ses bannières.

La nuit couvrait la ville de ses ombres, lorsque le comte s'approchant de cette place, précédé de serviteurs portant des torches, y aperçut la bannière de Gand. Il comprit le péril qui le menaçait, fit éteindre les torches et, se jetant derrière une petite chapelle consacrée à saint Amand, y échangea son armure contre la houppelande d'un de ses valets.

Il était près de minuit; le comte resté seul avait à peine osé faire quelques pas, lorsqu'il vit passer près de lui un Gantois qui le reconnut. Cet homme avait combattu à Beverhoutsveld; il s'appelait Renier Campioen. Le spectacle d'une si grande infortune le toucha ; jugeant qu'il n'y avait pas un moment à perdre pour sauver le comte, il l'entraîna dans une maison dont la porte était ouverte. C'était une pauvre habitation, où il n'y avait qu'une chambre qui servait de cuisine. Dans une large cheminée, dont quelques lambeaux de toile ornaient le manteau, brûlait un feu de tourbe, et la fumée qui sortait de l'âtre était si noire et si épaisse qu'elle permettait à peine d'apercevoir une échelle qui conduisait au gre-

nier. Une femme était assise près du foyer ;
elle s'effraya en voyant deux hommes paraître
sur le seuil de sa porte :

— « Femme, sauve-moi, lui dit Louis de
Male tout troublé, je suis ton seigneur le comte
de Flandre. »

— « Je vous reconnais, répondit la pauvre
femme, j'ai souvent reçu l'aumône à votre
porte. Montez vite à cette échelle, et cachez-
vous dans le lit où dorment mes enfants. »

Campioen s'était à peine éloigné de quelques
pas, lorsqu'il rencontra une troupe de Gantois
allant de maison en maison chercher le comte.
Il se joignit à eux pour les aider dans leurs
investigations, et entra avec la bande dans
l'humble réduit où le comte venait de trouver
un asile. La pauvre femme berçait son plus
jeune enfant ; elle répondit avec présence
d'esprit aux questions qu'on lui adressa. Campioen fit semblant de vouloir visiter le grenier ;
mais il descendit bientôt déclarant qu'il n'y avait
rien découvert. Ses compagnons sortirent et
continuèrent pendant quelque temps des re-
cherches désormais inutiles.

Une chronique flamande nous a conservé le nom de la pauvre femme qui s'associa courageusement à la noble conduite de Renier Campioen : elle s'appelait la veuve Bruynaert.

Combien dut paraître longue au comte de Flandre cette triste nuit du 3 mai 1382 ! Des clameurs lamentables s'élevaient de toutes parts vers le ciel ; car les Gantois frappaient sans merci les magistrats et les membres des métiers qui avaient accompagné Louis de Male au Beverhoutsveld ; on porte à douze cents le nombre de ces exécutions nocturnes. Toutefois les gens du menu peuple furent généralement épargnés. Le beau château de Male, à une demi-lieue de Bruges, fut saccagé ; on y trouva le berceau d'orfèvrerie où le comte avait dormi dans son enfance ; il fut pris et fondu.

Cependant Philippe van Artevelde avait, dès les premières heures du jour, fait défendre sous peine de mort tout acte de violence et de pillage. Les mesures les plus énergiques avaient été prises pour protéger les étrangers, surtout les marchands anglais. Tous les bourgeois de Bruges furent convoqués sur la place du

marché : — « Voulez-vous, leur dit van Artevelde, vivre désormais comme nos frères et
nos alliés? » Toutes les mains se levèrent en
signe d'assentiment. Au même moment on vint
annoncer à van Artevelde qu'un Gantois, son
parent, au mépris des ordres donnés, continuait
à exercer des actes de vengeance. Il le fit
amener et, sans lui laisser le temps de se justifier, ordonna de le précipiter du haut d'une
fenêtre au milieu des piques de ses frères
d'armes. Les Brugeois applaudirent : dès ce
moment, l'ordre et la paix furent complètement
rétablis, le commerce reprit son cours et l'on
entendait dire partout à Bruges : « En Phi-
» lippe a Flandre bon justicier; il est bien taillé
» d'être capitaine de Flandre ! »

La victoire inespérée remportée par Philippe
van Artevelde causa à Gand une joie qui tenait
du délire; le premier soin du Ruwaert avait
été d'y faire transporter d'immenses convois de
vivres et les nombreux approvisionnements
déposés à Damme et à l'Ecluse.

Au milieu de ces soins, les capitaines gantois
ignoraient ce qu'était devenu le comte de

Flandre. La plupart persistaient à croire qu'il avait réussi à sortir de Bruges le soir même de la mêlée de Beverhoutsvéld. Or, voici ce qui s'était passé depuis la scène nocturne du grenier, que nous avons racontée. Le 4 mai, il quitta son asile pendant la nuit pour se diriger, à travers le cimetière et le pré de Saint-Sauveur, vers le fossé de la ville, qu'il traversa dans une nacelle. Il ne connaissait point les chemins; il entendit bientôt qu'on approchait de lui. Il s'était réfugié dans une haie, quand il reconnut la voix de Robert Maerschalck.

Il ne dédaigna pas ses conseils et le pria de lui enseigner la route de Lille; il ne cessa de marcher jusqu'à ce qu'il eut rencontré un laboureur auquel il acheta une jument sur laquelle il se plaça « sans selle et sans pannel. » Ce fut dans ce modeste équipage qu'il s'arrêta à Roulers chez un bourgeois à qui il dit comme à la pauvre veuve de Bruges : « Sauve-moi, je suis ton sire, le comte de Flandre. » Celui-ci, s'honorant par la même fidélité au malheur, lui donna son meilleur cheval et ne le quitta que lorsqu'il l'eut conduit à Lille, où de nombreux chevaliers échappés aux mêmes désastres vinrent le rejoindre.

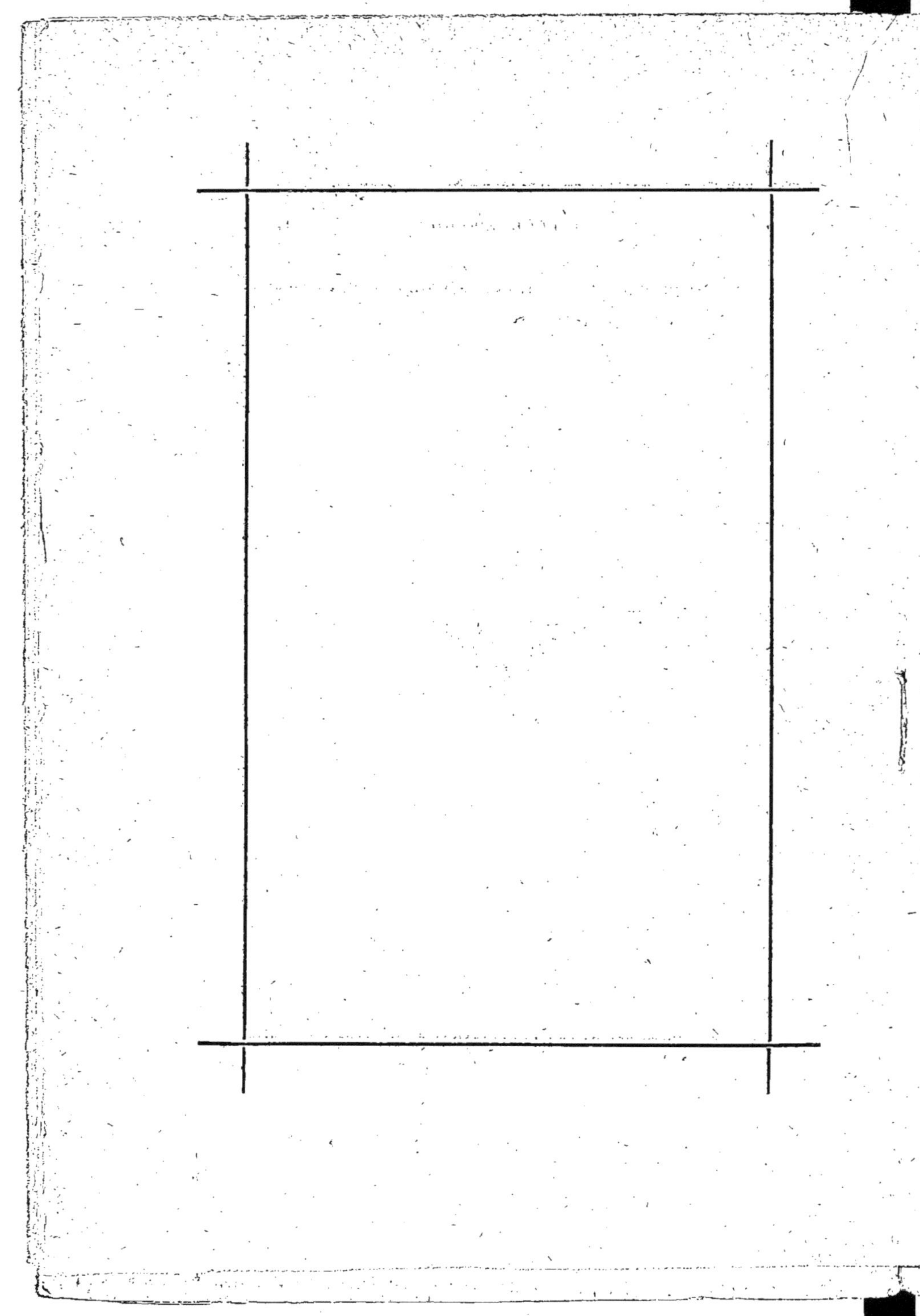

CHAPITRE XXIII.

CONSÉQUENCES DE LA BATAILLE DE BEVERHOUTS-
VELD EN FLANDRE, EN FRANCE ET EN ANGLETERRE.
— SIÈGE D'AUDENARDE. — INTERVENTION DE LA
FRANCE.

RESQUE toutes les villes de la Flandre, à
l'exception de Termonde, d'Audenarde
et de la Flandre française, abandonnèrent la
cause de Louis de Male et reconnurent la dictature de Philippe van Artevelde qui fut salué
du titre de père et libérateur de la patrie. Les
bourgeois de Liège et de Louvain se réjouis-
saient du triomphe des Gantois, parce qu'ils y
voyaient l'abaissement des nobles, leurs enne-

mis communs. Encore une fois, comme après la bataille des Eperons d'or, les communes menaçaient de triompher de la féodalité. « Une soif inextinguible de liberté tourmentait alors presque toute l'Europe. Gand, dit-on, communiquait avec les *Maillotins* de Paris. Rheims, Châlons, Orléans, Blois, Beauvais attendaient le succès des Flamands pour massacrer la noblesse. Liège et la Hollande étaient pour Gand. Les villes anglaises également s'autorisaient de l'exemple de la Flandre. Un couvreur, nommé Wat Tyler, s'était emparé de Londres et avait exercé de grandes contraintes sur le roi Richard II. Toute gentillesse et noblesse, comme dit Froissart, allait mourir et se perdre ; la Jacquerie allait devenir grande et horrible, si l'on ne parvenait pas à écraser van Artevelde. » (Th. JUSTE, *Hist. de Belgique*, p. 204).

Le comte de Flandre ne se sentait pas en sûreté à Lille, et s'était retiré à Bapaume. Le parti *leliaert* avait réuni ses meilleures troupes ; sous le commandement de Daniel d'Halewyn, elles s'étaient enfermées à Audenarde, après avoir juré de se défendre jusqu'à la mort.

Philippe van Artevelde avait donné ordre aux communes flamandes de convoquer leurs milices. Elles accoururent à sa voix et, dans les premiers jours de juin, cent mille hommes campaient aux bords de l'Escaut. Philippe van Artevelde voyait autour de lui les fils des compagnons de son père, Simon de Vaernewyck, Jean de Beer, Goswin Mulaert. Toute son armée demandait à grands cris le combat ; ce fut une faute irréparable de ne pas profiter de cet enthousiasme, puisqu'il s'agissait non seulement de rétablir la paix en Flandre, mais de la consolider assez promptement pour que la Flandre pût, en secondant les efforts des communes françaises, rendre impossible l'exécution des desseins hostiles des oncles de Charles VI. On racontait que Philippe van Artevelde avait résolu de s'emparer d'Audenarde sans livrer un seul assaut, espérant beaucoup de ses machines de guerre et encore plus de la famine qui ne devait pas tarder à se faire sentir parmi les assiégés. On arrivait du Brabant et même de l'Allemagne pour visiter les tentes innombrables des milices commu-

nales ; les uns admiraient les halles qu'elles
avaient construites pour les marchands de
draps et de pelleteries, le marché où les fer-
mières, couvertes de riches joyaux, étalaient
leur beurre, leur lait et leurs fromages ; les
vastes tavernes où coulaient sans cesse les vins
les plus précieux d'Allemagne, de France et
même de Chypre. D'autres passaient du quartier des Gantois, placé du côté du Hainaut,
par un pont construit sur l'Escaut, au quartier
des Brugeois, et de là ils reconnaissaient au
nord d'Audenarde, à leurs pavillons variés, les
communes d'Ypres, de Courtrai, de Poperinghe,
de Cassel et du Franc. Ce qui excitait surtout
leur étonnement, c'étaient les balistes, les
canons et les terribles engins des Flamands,
parmi lesquels se voyait une grande bombarde
dont on entendait la détonation à six lieues
à la ronde.

La situation des défenseurs d'Audenarde devenait désespérée. Le sire d'Halewyn adressait au
comte de Flandre message sur message pour la
lui faire connaître. Celui-ci se trouvait alors
à Hesdin. Il se rendit sans délai auprès de son

gendre, le duc de Bourgogne, afin de réclamer
l'appui de son influence dans les conseils du
roi. Le duc de Bourgogne, époux de l'héritière
de la Flandre, était intéressé à voir comprimer
le mouvement des communes flamandes. Il
s'empressa d'accourir à Senlis où était la cour,
et y eut une longue conférence avec son frère
le duc de Berri. Ils s'entretenaient ensemble
des troubles de Flandre, lorsque Charles VI
arriva tout à coup auprès d'eux en riant, un
épervier sur le poing. Il s'écria aussitôt que
son plus grand plaisir serait d'abattre l'orgueil
des Flamands. L'héritier de Charles le Sage,
pauvre enfant à l'esprit affaibli, ne voyait dans
cette grande lutte qu'un champ clos chevale-
resque où il pourrait, en brisant sans danger
quelques lances, s'égaler aux preux dont les
romans avaient charmé ses premiers loisirs.
Il ne cessait d'en entretenir tous ceux qui
l'entouraient, et les mêmes images le préoccu-
paient pendant son sommeil. Les oncles du roi
mettant à profit cette ardeur puérile convo-
quèrent immédiatement à Arras le ban et
l'arrière ban du royaume.

Au moment même arrivait à Senlis un héraut de Philippe van Artevelde avec une lettre « moult douce et moult aimable, » dans laquelle les communes flamandes priaient le roi de les réconcilier avec leur seigneur, et de se contenter d'une médiation pacifique. Non-seulement on ne daigna pas répondre, mais l'envoyé fut mis en prison ; on ne le relâcha que quelques jours après.

La déclaration de guerre ne fut pas immédiate. Une ambassade française se rendit solennellement à Courtrai, avec mission de ramener les communes à l'obéissance du comte, et pour tenter un dernier effort pacifique. Les communes déclarèrent énergiquement qu'elles ne traiteraient qu'à une seule condition, à savoir « que toutes les forteresses et villes qui sont » encore closes et fermées encontre la ville de » Gand soient descloses et ouvertes. » Les ambassadeurs eurent beau insister, les flamands persistèrent dans leur déclaration : ils étaient aussi fidèles à leur parole que les grands seigneurs « combien que petits et povres. » (*Chroniques de Saint-Denis.*)

Les oncles du roi se trouvaient à Péronne
lorsque les ambassadeurs revinrent porteurs
de ces nouvelles. « Ce Philippe, à ce qu'il
montre, disaient ceux-ci en parlant de van Artevelde, est plein de grand orgueil et présomp-
tion ; il se confie en la fortune qu'il eut pour
lui devant Bruges. » Les ducs de Bourgogne
et de Berri furent fort irrités. Le comte de
Flandre seul se réjouissait. « Comte, lui avait
dit le roi en plein conseil, vous retournerez en
Artois et brièvement nous serons à Arras, car
mieux ne pouvons nous montrer que la querelle soit nostre que de approcher nos ennemis. » (FROISSART).

Philippe van Artevelde avait conservé assez
longtemps, à ce qu'il semble, l'espoir de voir
le roi de France céder aux prières des communes flamandes. Forcé d'abandonner cet
espoir, il n'hésita plus à traiter avec les Anglais. Les bonnes villes flamandes choisirent
des députés qui devaient les représenter à
Londres. Le voyage fut heureux ; une audience
solennelle leur fut accordée par Richard II,
au palais de Westminster, en présence du duc

de Lancastre et des comtes de Buckingham,
de Kent et de Salisbury. « Partout, dit Froissart, estoient bien venus, espécialement du
commun d'Angleterre, quand ils dirent qu'ils
estoient de Gand, et disoient que Gantois
estoient bonnes gens ».

CHAPITRE XXIV.

Tout se préparait en France pour une lutte
imminente et suprême. Les seigneurs
du royaume, même des provinces les plus
reculées, avaient été convoqués à Arras : tous
comprenaient qu'il y allait de leur existence
comme corps politique, dans cet effort de la
noblesse contre les communes. On vit les
comtes de Foix et d'Armagnac oublier leurs
querelles et accourir du fond du midi à la

guerre contre la Flandre. Charles VI arriva
de sa personne à Arras, le 4 novembre. On
délibéra longtemps sur la route que l'on suivrait pour pénétrer en Flandre. Les uns voulaient se diriger vers les sources de la Lys, les
autres préféraient marcher sur Tournai et y
passer l'Escaut pour aller attaquer les Flamands
devant Audenarde. Le connétable de France,
Olivier de Clisson, décida la question en montrant qu'il fallait marcher droit aux Flamands
avant l'arrivée des Anglais.

On se mit en route. Dix-huit cents ouvriers
précédaient l'armée pour élargir les chemins,
couper les haies, combler les fossés. L'avant-
garde commandée par les maréchaux comptait
six mille quatre cents hommes d'armes, quatorze mille arbalétriers, et cinq mille hommes
de pied recrutés en Artois. Le corps de bataille
où se trouvait le roi ne renfermait pas moins
de douze mille hommes d'armes et de dix-huit
mille arbalétriers. Le comte de Flandre avait
épuisé ses ressources pour réunir seize mille
hommes sous sa bannière. Son gendre, le duc
de Bourgogne, avait fait fondre à Malines la

vaisselle de Marguerite de Flandre, et aliéné
une partie des joyaux de la duchesse pour
entretenir à ses frais un grand nombre de chevaliers. A ces corps principaux il faut ajouter
un grand corps de troupes formées principa-
lement d'aventuriers bretons, et connues sous
le nom de *Grandes Compagnies*. Le frère du
roi avait été laissé à Péronne de crainte qu'un
désastre commun n'atteignît toute la postérité
de Charles V, et, dans un conseil tenu par les
oncles du roi à Montargis, il avait été résolu
de n'associer à cette expédition aucun corps de
milices communales. Selon les calculs les plus
modérés, l'armée française n'était pas au-dessous
de quatre-vingt mille hommes.

A la nouvelle des armements qui se faisaient
en France, Philippe van Artevelde avait remis
le commandement du siège d'Audenarde aux
autres capitaines gantois. Il était allé de ville
en ville exciter le zèle des communes et prendre les mesures nécessaires pour la défense
des frontières. A Bruges, il chargea Pierre
Van den Bossche et Pierre de Winter de se
rendre l'un à Commines, l'autre à Warneton,

et leur recommanda de faire rompre tous les ponts sur la Lys depuis Courtrai jusqu'à Merville. A Ypres, il apprit qu'un corps de chevavaliers français s'était déjà avancé jusqu'à Menin et l'avait saccagé, mais que les cloches des villages avaient sonné l'alarme au plus vite, et que les laboureurs étaient tombés sur les pillards avec tant de vigueur qu'une trentaine seulement avaient trouvé leur salut dans la fuite.

« — Par la grâce de Dieu et le bon droit que nous y avons, s'écria van Artevelde en entendant le récit de ce trait de bravoure, tous venront à cette fin, ni jamais ce roi de France, si il passe la rivière du Lys, ne retournera en France. » (FROISSART).

D'Arras, le roi s'était dirigé vers Lens et Lille.; de là les Français s'avancèrent par Seclin jusqu'à l'abbaye de la Marquette. Ils se proposaient de franchir la Lys à Commines. Lorsque les maréchaux s'approchèrent, ils trouvèrent le pont rompu et aperçurent sur l'autre rive neuf à dix mille hommes rangés en bon ordre et prêts à leur disputer le passage.

Il ne fallait pas songer à aller plus loin. Déjà le connétable avait déclaré qu'il ne restait d'autre ressource que de remonter la rivière jusqu'à Aire où l'on trouverait un pont. La témérité de quelques jeunes chevaliers en décida autrement.

Trois nacelles avaient été apportées de Lille. Ces chevaliers les lancèrent secrètement dans la Lys, s'y précipitèrent et, ayant atteint la rive opposée, se cachèrent dans un petit bois d'aulnes pour attendre leurs compagnons. Cet exemple fut suivi; le sire de Rieux, envoyé par le connétable pour examiner ce qui était advenu, oublia sa mission et se joignit aux autres; bref quatre cents hommes d'armes passèrent ainsi. Le connétable, ne pouvant les retenir, avait réussi, en faisant mine de vouloir rétablir le pont détruit, à détourner l'attention des Flamands.

Qu'on se représente la surprise de Pierre Van den Bossche quand il vit se diriger vers lui cette petite troupe composée de ce que l'armée française comptait de plus illustre parmi ses chevaliers, et déployant en signe de bataille ses seize bannières et ses trente pennons. Soit hésitation de la part du chef, soit espoir d'une victoire plus assurée pour le lendemain, les Flamands ne bougèrent pas. Les Français passèrent cette nuit longue et froide, comme sont les nuits de novembre, au milieu de la boue, sans abri contre la pluie qui tombait à torrents. Ils ne s'en montrèrent pas moins remplis de courage et de confiance. Ils faisaient retentir tour à tour les cris d'armes de tous les barons français, pour donner de leur nombre une idée exagérée aux soldats des communes.

Au lever de l'aurore, les Flamands s'avancèrent en silence pour surprendre les Français. Ceux-ci reçurent le premier choc sans s'ébranler ; de leurs longues lances ils tenaient à distance les milices flamandes. Par une coïncidence fatale, Pierre Van den Bossche fut atteint à l'épaule et à la tête, presqu'en même temps que son frère, capitaine du château de Gavre, tombait expirant. Les Flamands se déconcertent, ils reculent ; leur courage est loin cependant d'être abattu. Ils se préparent à revenir à la charge, le tocsin qu'on entend

partout leur promet dés auxiliaires nombreux.
Tout-à-coup un cri effroyable part des murs de
Commines ; le pont avait été rétabli, et le
connétable venait de passer la Lys avec l'avant-
garde française. Toute résistance cessa. Commines fut saccagé, ses habitants égorgés dans
les églises où ils s'étaient réfugiés, la ville
livrée au feu. Au même moment, on voyait
s'élever dans les airs les flammes d'un autre
incendie : c'était celui de Wervicq surpris et
brûlé par les Bretons du sire de Laval. Sur
toute la rive de la Lys les mêmes scènes de
dévastation se reproduisirent.

Charles VI avait quitté l'abbaye de Marquette : il passa la nuit au milieu des ruines
fumantes de Commines. Le lendemain, il pour-
suivit sa marche et campa sur le mont Saint-
Eloi, à une lieue d'Ypres. Ce fut là que les
princes français eurent connaissance d'un fait
qui prouve que la cause gantoise était consi-
dérée comme celle de toutes les communes. Les
Parisiens s'étaient soulevés et avaient arrêté
les chariots destinés à l'expédition. Ils eussent
même renversé le Louvre et les autres forte-

resses qui entouraient Paris, si un de leurs
chefs ne les eût retenus. Ce chef, chose remarquable, s'appelait Nicolas le Flamand. « Abste-
nez-vous de faire, leur dit-il, tant que nous
verrons comment l'affaire du roi notre sire se
portera en Flandre : si ceux de Gand viennent
à leur entente ainsi que on espère bien qu'ils y
venront, sera-t-il heure de faire et temps assez » »
(Juvénal des Ursins, 1382). Les bourgeois de
Reims arrêtèrent aussi le maréchal de Bourgogne, qui se rendait à Arras avec ses hommes
d'armes.

La première tentative dirigée contre la ville
d'Ypres fut repoussée ; le bruit courait que
toutes les communes des châtellenies d'Ypres,
de Cassel et de Bruges s'armaient pour attaquer les Français, et ce bruit avait jeté
l'inquiétude dans leur camp. La nuit du 19 novembre, une dispute de valets fit prendre les
armes aux chevaliers préoccupés de la crainte
d'une surprise de la part des Flamands. Le
camp fut éclairé, les hommes rangés sous les
pennons, et ce ne fut qu'à l'approche de l'aurore
qu'ils osèrent rentrer dans leur camp.

Charles VI fit offrir des conditions avantageuses à la ville d'Ypres. Celle-ci les accepta et livra son capitaine Pierre Van den Broeck. « Et furent mises les bannières du roi sur la maison de la dicte ville d'Ypres et celles du comte de Flandre emprès plus bas. » Des chevaliers français entreprirent une expédition vers l'ouest, prirent Poperinghe qu'ils saccagèrent et dont les habitants furent égorgés. Cassel, Bergues, Bourbourg, Dunkerque, Bailleul, Messines, redoutant le même sort ouvrirent leurs portes à l'ennemi.

Les hommes d'armes français avaient recueilli un immense butin. A Wervicq les Bretons du sire de Laval avaient trouvé tant d'or et tant d'argent qu'ils abandonnèrent les draps les plus précieux, les plumes d'autruche si recherchées, aux sergents d'armes. Pour tirer parti du pillage, on ouvrit un grand marché dans le camp même, où vinrent s'approvisionner les marchands de Lille, de Douai et de Tournai. Louis de Male n'osait se plaindre de ces actes de dévastation. Méprisé de tous ceux qui s'étaient armés à sa prière, il n'était plus appelé aux conseils du roi. Les maréchaux avaient ordonné à ses hommes d'armes de substituer à leur cri de guerre celui de *Mont-Joie-Saint-Denis.* Il leur était défendu de porter l'antique massue armée du *scharmsax* qui avait figuré si glorieusement dans leurs luttes nationales, et que les historiens du temps appellent *bâton à viroles* (l'ancien *Goedèndag*). Enfin la langue flamande était bannie du camp : Antoine Flotte, compagnon d'armes de Charles VI, se souvenait sans doute que ce n'était point en français que Breydel et de Coninc avaient prononcé à Bruges et à Courtrai le *Vœ Victis !...*

CHAPITRE XXV.

BATAILLE DE WEST-ROOSEBEKE. — MORT DE PHILIPPE
VAN ARTEVELDE.

ORSQUE Philippe van Artevelde avait appris le passage de la Lys, il s'était rendu à Gand où dix mille bourgeois se mirent sous ses ordres et le suivirent à Bruges. Pierre Van den Bossche à peine guéri de ses blessures et Pierre de Winter exhortèrent les bourgeois de cette ville à résister aux Français, leur disant que, si Charles VI avait pu pénétrer jusqu'à Ypres, Philippe le Bel était arrivé jusqu'aux murs de Courtrai. Aussitôt les communes armèrent de nouvelles milices. Philippe van Artevelde avait déjà choisi vingt mille combattants parmi ceux qui assiégeaient Audenarde; toutes ses forces réunies s'élevaient à soixante mille hommes.

Des historiens prétendent que Philippe van Artevelde avait commis une grande faute en quittant le siège d'Audenarde, car les pluies et le mauvais temps n'eussent pas permis d'aller l'y combattre. D'autres affirment qu'il eût agi plus habilement s'il était resté à Courtrai placé sur le flanc de l'armée ennemie, prêt à la surprendre au premier moment favorable, et ne pouvant être lui-même attaqué qu'en la forçant de tenter de nouveau le passage de la Lys, qu'aurait défendu cette fois une armée plus nombreuse que celle de Pierre Van den Bossche. Le souvenir toujours vivant du combat mémorable livré dans les champs de Courtrai, était pour les Flamands une source d'enthousiasme et presque un gage de victoire !

Cependant, en étudiant la situation des choses, on reconnaît qu'il n'a pas dépendu de van Artevelde de livrer bataille aux Français, ni devant Audenarde ni à Courtrai. C'eût été un immense avantage que d'attendre l'arrivée des Anglais et, ce qui était bien plus certain, l'approche de l'hiver qui devait inévitablement dissoudre tout l'armement de Charles VI. Mais, après la perte d'Ypres, il fallait défendre Bruges dont il avait lui-même fait démanteler les murailles. La précaution était nécessaire : les *Leliaerts*, qui s'y trouvaient en grand nombre, se seraient sans doute empressés d'imiter l'exemple des Yprois et d'ouvrir leurs portes aux Français.

A ce point de vue, la position de West-Roosebeke était admirablement choisie. Van Artevelde l'occupa le 25 novembre. Son camp, placé sur une colline parsemée de broussailles, au pied de laquelle coulait un ruisseau, était à peu près inabordable pour la chevalerie française. En conservant cette position, il pouvait troubler les ennemis dans leur mouvement s'ils se dirigeaient vers Audenarde dont le siège était toujours poursuivi ; il les obligeait, s'ils voulaient l'attaquer, à accepter pour champ de bataille le terrain où il avait élevé ses retranchements.

Les Français, poursuivant leur marche, étaient arrivés sur les hauteurs de Passchendaele. Ils s'y arrêtèrent; un dernier message fut envoyé à van Artevelde; on offrait la paix aux Flamands, s'ils voulaient demander merci au comte et s'engager à payer six mois de solde aux hommes d'armes français. Les capitaines des communes flamandes répondirent unanimement qu'ils ne déposeraient point les armes tant que le comte ne leur aurait pas rendu les privilèges qu'ils avaient reçus de Robert de Béthune après la bataille de Courtrai.

La prudence semblait prescrire aux Flamands de retarder autant qu'ils le pourraient le moment d'un engagement. Déjà les chevaliers anglais avaient abordé à Calais pour rejoindre les gens des communes. En vain en fit-on l'observation au *Ruwaert* : avec un entêtement inexplicable il résolut de hâter le combat et repoussa tous les conseils contraires. Le 26 au soir, il donna un repas aux chefs et leur annonça la bataille pour le lendemain.

« Ne regrettez pas les Anglais, dit-il, car ils
s'attribueraient tout l'honneur de la victoire. »
Il recommanda qu'on ne fît aucun prisonnier
à l'exception du roi qui était encore enfant.
« Pour celui-là, il va où on le mène, il ne sait
» pas encore ce qu'il fait, nous le conduirons
» à Gand lui apprendre le flamand. Mais tuez
» tous les autres, vous rendrez service aux
» communes de France ; ce qu'elles désirent
» le plus au monde, c'est de ne voir revenir
» aucun de leurs seigneurs. »

Philippe van Artevelde s'efforçait d'entretenir
chez ses compagnons une confiance qui n'était
point exempte de quelque inquiétude secrète.
La veille de la bataille de sombres pressenti-
ments vinrent l'agiter. Sa femme l'avait accompagné et veillait dans sa tente. Le sommeil
se dérobait à ses yeux, et chaque souffle du
vent qui frémissait entre les arbres couverts
de givre lui semblait quelque voix de menaçant
augure. Enfin, sortant de sa tente, elle crut
tout à coup entendre les cris des Français qui
profitaient des ténèbres pour surprendre les
Flamands. Elle réveilla précipitamment Phi-

lippe van Artevelde, celui-ci, à son tour, reconnut les mêmes cris. L'alarme fut aussitôt donnée
et toutes les milices communales s'armèrent.
On apprit alors que les Français n'avaient
pas quitté leur position : dans leur camp tout
dormait, les sentinelles exceptées. « Sans doute,
» dit Meyer, c'étaient les démons qui se ré-
» jouissaient de la belle proie qu'ils allaient
» avoir le lendemain. »

Les Flamands, avant le jour, prirent les
armes, sortirent de leurs retranchements et
se formèrent en bataille. Les communes de
Gand, d'Alost et de Grammont étaient au
premier rang ; au second, celles de Bruges, de
Damme et de l'Ecluse ; les milices du Franc
formaient le troisième. Ces troupes bourgeoises,
revêtues de costumes fort divers, entouraient
leurs bannières aux couleurs de toutes sortes,
et n'offraient d'uniformité que dans la manière
dont elles étaient armées : chaque combattant
portait un maillet, un épieu ferré, et un grand
couteau suspendu à la ceinture. Quelques archers anglais figuraient çà et là dans les rangs.

Le matin, un brouillard épais déroba mo-

mentanément aux deux armées la vue de
l'ennemi ; à peine voyait-on à quelques pas
devant soi. Les chevaliers français envoyés à
la découverte, car on s'attendait à une attaque,
rencontrèrent l'armée flamande qui s'avançait.
Le roi fit déployer l'oriflamme à l'instant même
où le soleil commençait à dissiper le brouillard.
Le temps s'éclaircit tout à coup et les Français
y virent un présage de victoire.

Le premier choc des Flamands fut rude. Les
bombardes firent une trouée dans les rangs
français. Une foule de chevaliers, parmi lesquels Antoine Flotte, sont frappés à mort. Un
cri de victoire retentit parmi les Flamands. Leur
immense bataillon poursuivant sa marche,
heurte avec une force irrésistible l'armée française qui recule, la bannière royale tombe en
leur pouvoir.

Le sire de Clisson avait prévu la tactique
des Flamands ; par une manœuvre habile, il
avait étendu rapidement les deux ailes placées
sous les ordres des ducs de Berri et de Bourbon,
ordonnant aux chevaliers d'abandonner leurs
chevaux et de frapper de loin avec leurs longues

lances les bourgeois de Flandre, tandis que leurs valets, se glissant sur le gazon, pénétraient sous les épieux des milices communales et poignardaient leurs adversaires.

L'armée flamande reculait à son tour. Les premiers rangs, blessés sans pouvoir se défendre, se rejetaient sur ceux qui les suivaient : si quelques-uns étaient frappés par le fer ennemi, d'autres plus nombreux sentaient leurs poitrines se briser dans cet affreux reflux de cinquante mille hommes qui roulaient les uns sur les autres. Sur dix combattants, neuf mouraient étouffés. Parfois cette masse énorme s'arrêtait dans sa lente et tumultueuse retraite et, telle que le sanglier aux abois, elle semait l'effroi parmi les assaillants. Le duc de Bourbon fut blessé et jeté à terre, mais tout cela sans résultat.

Les Flamands étaient arrivés près du ruisseau où ils avaient campé la veille. A mesure qu'ils descendaient dans ce terrain humide et marécageux, le désordre s'accroissait. Chacun s'efforçait d'atteindre le premier la colline opposée. En vain Philippe van Artevelde cherchat-il à les rallier : il fut entraîné dans leur fuite jusqu'au *Keyaerts-berg*. Pour le tourner et gagner Staden et Thourout et de là Thielt ou Bruges, il n'existait qu'une seule route, tracée dans un profond ravin, au milieu d'un bois dont les rameaux entrelacés formaient tantôt un dôme épais et tantôt une barrière. Ce fut là que Philippe van Artevelde périt foulé aux pieds des siens, sourds à sa voix et impatients de s'ouvrir un passage pour se dérober à la poursuite des Français.

Trois mille Gantois, témoins du désastre du corps principal de l'armée, s'étaient retirés à gauche de la route de West-Roosebeke vers des prairies à demi couvertes de saules et de broussailles, qu'arrosent les sources de la Mandel. Ils y élevèrent à la hâte quelques retranchements et cherchèrent à se défendre. Entourés de toutes parts par les Français, ils se virent bientôt chassés de leur position et la plupart furent tués. Toute lutte avait cessé, mais le massacre continua jusqu'au soir sur le champ de bataille. Jamais la Flandre n'avait vu tant de ses enfants tomber sous les coups de l'ennemi. Des chroniqueurs évaluent le nombre des morts à vingt-cinq mille. « La terre, dit le moine de Saint-Denis, était inondée d'un déluge de sang. »

Ainsi fut gagnée par les Français cette grande bataille de West-Roosebeke qui sauva toute la noblesse du sort cruel qui la menaçait, et qui fut aussi bien gagnée contre la ville de Paris et les communes de France que contre les Flamands. On chercha le corps de van Artevelde. Un pauvre Flamand blessé le montra parmi un monceau de gens de Gand, qui s'étaient fait tuer à ses côtés. Charles VI et sa suite le considérèrent un moment, puis il fut pendu à un arbre qui resta longtemps célèbre dans toute la contrée. Le roi offrit la vie à l'homme qui avait indiqué le corps de van Artevelde. Il refusa : « Je suis, dit-il, j'ai toujours été et je resterai Flamand. » On voulait panser ses plaies : il ne le permit pas et mourut avec les siens. Leurs cadavres gisant sur la terre nue, car le roi avait défendu de leur donner la sépulture, furent abandonnés aux chiens et aux oiseaux de proie.

Ainsi finit le second grand chef des communiers flamands, plus remarquable par son nom que par son génie! Quelle destinée que celle de ces deux van Artevelde! Ils ont gouverné, avec une intelligence hors ligne, cette terre flamande dont les ateliers alimentaient le commerce du monde, dont les villes levaient des armées plus nombreuses et mieux pourvues que celles d'aucun monarque de la chrétienté, dont les citoyens traitaient de pair avec les princes et les rois! Leur puissance a précédé de plus d'un siècle celle des Médicis! Ce sont ces deux hommes qui ont le plus fait pour empêcher l'incorporation de nos provinces à la France; c'est Jacques van Artevelde qui est le créateur du système de neutralité : vision sublime d'un esprit politique qui n'a pas été surpassé! La neutralité est encore aujourd'hui la base de notre existence comme nation. Il voulait l'alliance de nos provinces, la liberté du commerce : ses idées étaient de cinq siècles en avant de son époque! Philippe van Artevelde, en succombant à West-Roosebeke, entraîna avec lui la vie des communes. Ce fut le signal de la reconstruction d'une seconde féodalité. La main mystérieuse qui guide l'humanité dans sa marche, devait la faire passer par une nouvelle ère de despotisme, pour arriver à l'unité monarchique d'où est sortie la liberté moderne !

CHAPITRE XXVI.

CONCLUSION.

ES débris de l'armée flamande avaient pris la direction de Courtrai. Les Français les suivirent et entrèrent dans la ville qui était sans défense. Courtrai conservait dans son église les sept cents éperons dorés ramassés sur le champ de bataille de Groeninghe. Le roi de France crut effacer la honte de cette défaite en faisant piller la ville et en la livrant aux flammes. Les soldats voulaient aussi aller à Bruges pour la mettre à sac. A la prière du duc de Bourgogne, on permit aux Brugeois de se racheter moyennant cent vingt mille livres.

L'indomptable commune de Gand persistait dans sa révolte. Pierre Van den Bossche et François Ackerman étaient rentrés en ville et avaient relevé le courage des habitants. L'armée française n'était pas en état d'entreprendre le siège de Gand ; la saison des pluies était arrivée ; les gens d'armes étaient fatigués et demandaient à rentrer dans leurs foyers. Les Gantois connaissaient cette circonstance qui les rassurait fortement. Ils demandèrent un sauf-conduit pour envoyer des députés à Charles VI qui était à Tournai. Ils offrirent de se soumettre au roi, à condition de relever directement de lui et d'être du ressort du parlement de Paris, sans jamais rentrer sous la juridiction et le pouvoir des comtes de Flandre. « Ils eussent gagné la bataille de Roosebeke, dit M. de Barante, qu'ils ne se fussent pas montrés plus fiers et plus intraitables ! » Cette proposition ne fut pas acceptée et, quelques jours après, l'armée française évacua la Flandre, laissant seulement des garnisons dans quelques places fortes.

Louis de Male, retiré à Saint-Omer, mourut le 30 janvier 1384, détesté et méprisé de ses sujets. Philippe le Hardi, duc de Bourgogne, époux de sa fille Marguerite, hérita du comté de Flandre. Ce dernier cessa dès lors de former un état indépendant et sa destinée se confondit avec celle des autres états de la maison de Bourgogne, qui devait bientôt étendre sa domination sur toute la Belgique.

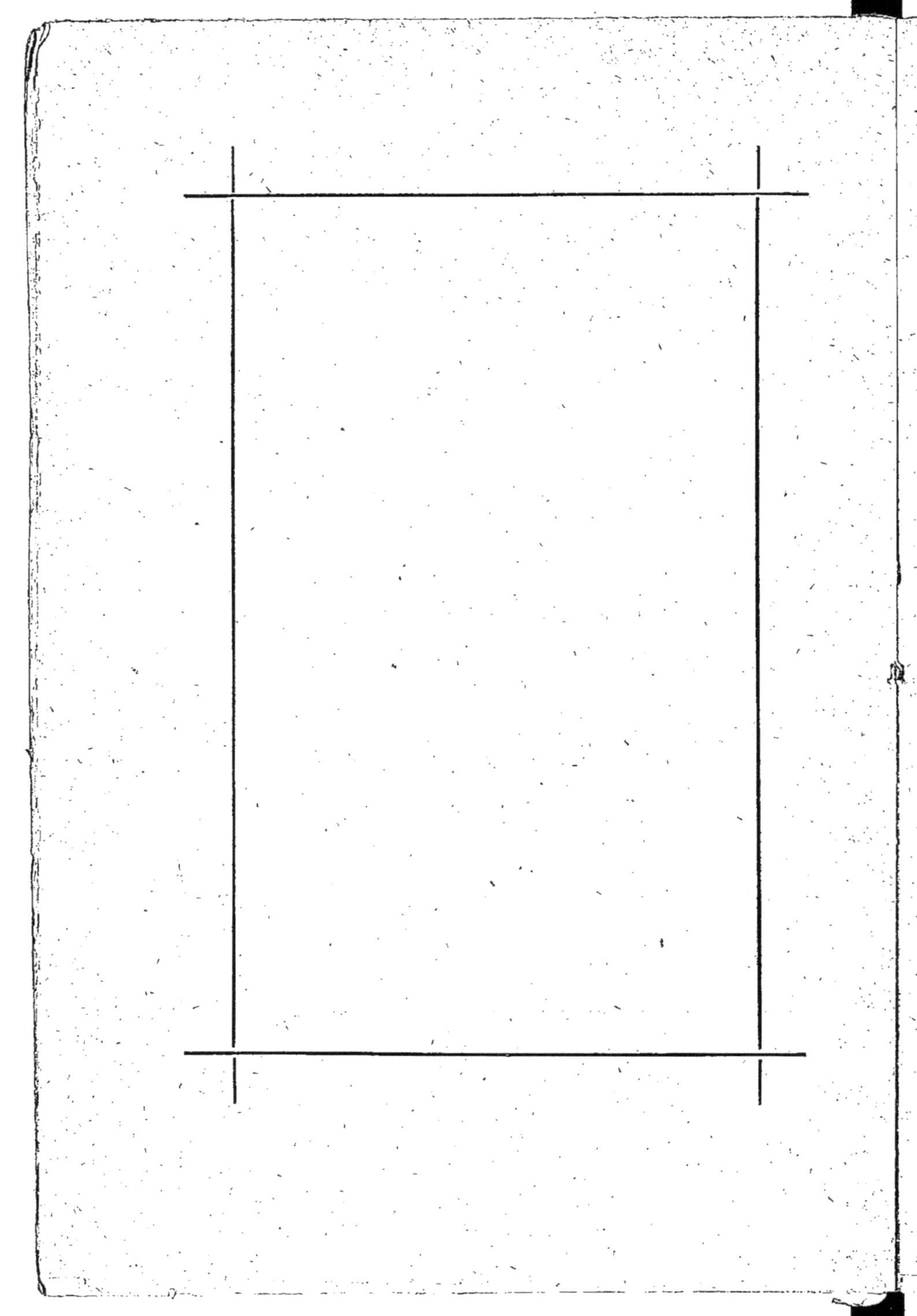

TABLE DES MATIÈRES.

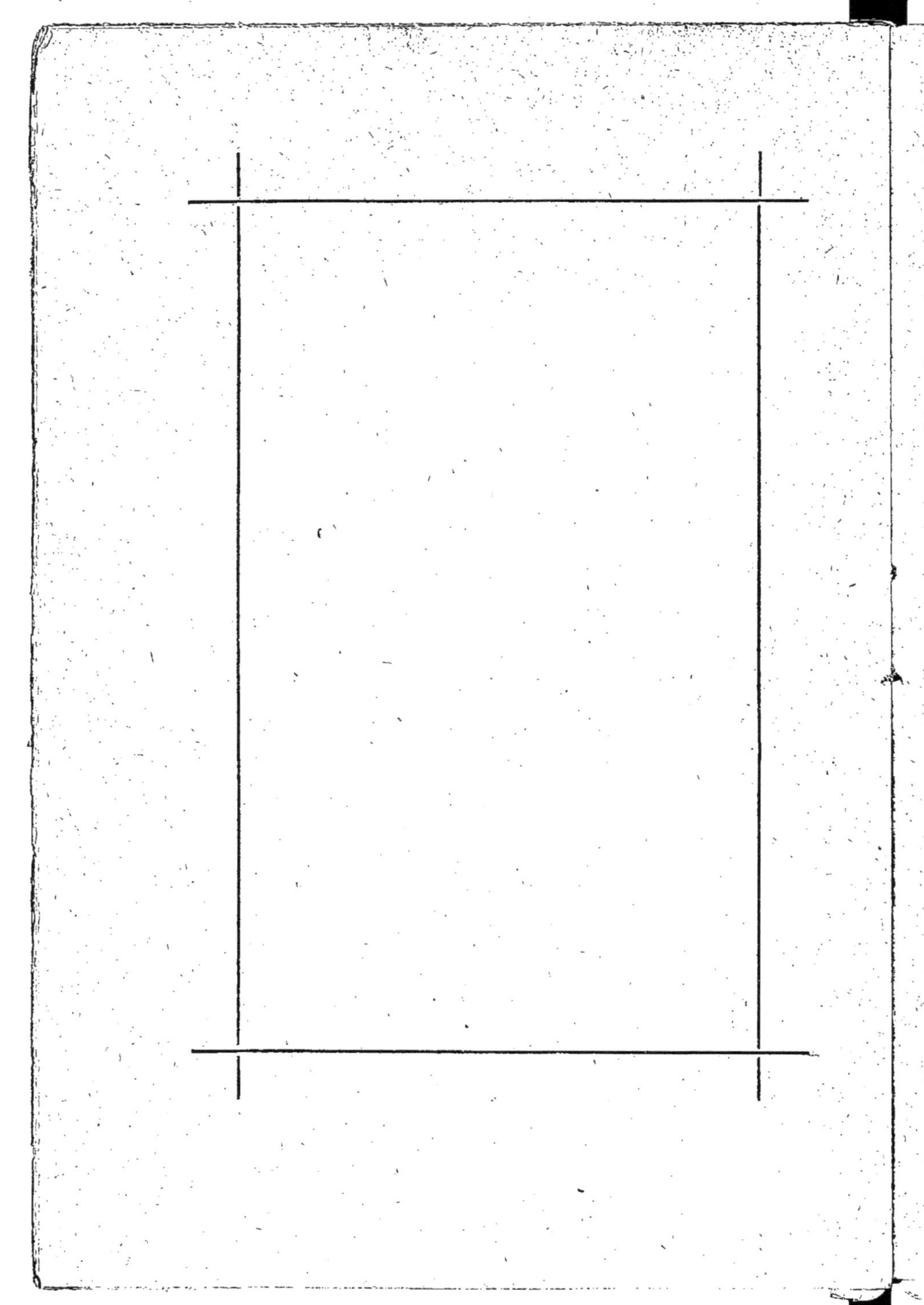

SEMPER FLVIT